CUISINES DE FRANCE

PROVENCE
ET
COMTÉ DE NICE

Nous tenons à remercier tout spécialement
monsieur Alexandre Guini pour ses précieux
conseils et l'attention constante qu'il a portée à
cet ouvrage.

GARANTIE DE L'ÉDITEUR

CUISINES DE FRANCE

PROVENCE

ET

COMTÉ DE NICE

Alexandra Doncarli

et

Hélène Bigard

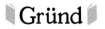

ENTRÉES ET HORS-D'ŒUVRE

Chauds ou froids, on trouve dans la cuisine provençale des entrées et des hors-d'œuvre pour toutes les saisons. La brandade de morue, particulièrement riche, convient plutôt pour un déjeuner d'hiver. L'été, toutes les préparations à base d'anchois viennent agréablement réveiller les appétits. Certaines de ces entrées peuvent même devenir le plat de résistance d'un repas léger, comme les artichauts en fricassée, les caillettes ou les beignets de sardines. Pour accompagner de façon originale un apéritif, préparez des allumettes aux anchois, ou bien des toasts tartinés de beurre d'anchois ou de tapenade.

Salade de fonds d'artichauts au fenouil

6 artichauts violets de Provence, moyens
jus de 2 citrons
1 fenouil, coupé en deux
sel et poivre
2 cuillères à soupe d'huile d'olive
1 cuillère à soupe de persil haché

Pour 4 personnes

Coupez les feuilles des artichauts pour ne garder que les fonds. Arrosez-les du jus de 1 citron.

Faites cuire les fonds d'artichauts et le fenouil 30 minutes dans de l'eau bouillante salée, couverts. Égouttez et laissez refroidir.

Émincez les légumes cuits et disposez-les dans un saladier. Préparez une sauce avec le jus du deuxième citron, du sel, du poivre et de l'huile.

Garnissez de persil haché avant de servir.

Salade de fèves

3 kg de fèves non écossées
sel et poivre
1 pincée de sucre
6 carottes (500 g), pelées entières
la queue verte de 5 oignons frais
1 cuillère à soupe de vinaigre
3 cuillères à soupe d'huile d'olive

Pour 6 personnes

Écossez les fèves. Faites-les cuire à l'eau bouillante salée, poivrée et sucrée, 45 minutes. Dix minutes après le début de la cuisson, ajoutez les carottes.

Égouttez et enlevez la deuxième peau des fèves. Coupez les carottes en petits cubes. Mélangez le tout dans un saladier. Émincez les queues d'oignon, ajoutez sur la salade. Préparez une vinaigrette (huile, vinaigre, sel et poivre), assaisonnez et servez à température ambiante.

Les vins

Les vins de Provence gagnent à être découverts, pour leur variété et pour leur qualité.

Le vignoble de la Provence proprement dite s'étend sur trois départements : Var, Bouches-du-Rhône et Alpes maritimes. Il aurait déjà existé en 600 avant J.-C. quand arrivèrent les Grecs. Il fut ensuite développé par les Romains et les Gallo-Romains, puis les Templiers et, bien sûr, les Papes d'Avignon. Toutes les couleurs sont représentées, mais l'A.O.C. Bandol produit surtout des rouges, et l'A.O.C. Cassis des blancs ; il faut aussi découvrir le Palette ou le Bellet, quasiment introuvables.

Les vignobles des Côtes-du-Rhône méridionales sont attestés dès le IVe siècle avant notre ère vers Hermitage et Côte-Rôtie. Dans la région de Die, ils apparaissent dès les débuts de l'ère chrétienne. Les Côtes-du-Rhône méridionales sont implantées au sud de Montélimar et sur la rive est du Rhône seulement. Ne relève de la Provence que la production du Vaucluse et des Alpes de Haute-Provence. On y trouve quelques blancs, mais surtout des rosés et des rouges, dont les plus connus sont le Tavel, qui ne fait que des rosés, et le Châteauneuf-du-Pape qui produit des rouges puissants, à teneur alcoolique élevée, comptant parmi les grands vins de France. Les communes de Rasteau et Beaumes-de-Venise produisent d'excellents vins doux, à servir en apéritif ou avec les desserts. Le Beaumes-de-Venise est fait uniquement avec du muscat.

Salade niçoise

Salade de fèves

ainsi que le percement du canal de Suez. Le XIXe siècle voit aussi la renaissance de la langue provençale, grâce à Frédéric Mistral et au mouvement félibrige.

L'histoire de Nice et de son comté ne se confond pas avec celle de la Provence. Fondée, elle aussi, par des Grecs, Nice se donne à la Savoie en 1388. Après un bref épisode français sous la Révolution, ce n'est qu'en 1860 que la ville et son comté deviennent définitivement français, quand le Piémont les cède à Napoléon III.

La cuisine provençale

La cuisine provençale, fruit de tant d'influences variées, resta ignorée au-delà de ses frontières naturelles jusqu'à l'an 1789, lorsque trois beaux-frères ouvrirent à Paris un restaurant à l'enseigne des *Trois frères provençaux*. Les Parisiens découvrirent alors la brandade de morue, la bouillabaisse, et aussi l'ail, jusqu'alors très mal considéré.

Parmi les hors-d'œuvre et entrées les plus célèbres comptent la salade niçoise, l'anchoïade et la brandade de morue. Ce poisson des mers froides était apporté ici par des bateaux venus chercher du sel sur les rivages de la Méditerranée. La pissaladière est surtout niçoise, là où l'influence italienne a été la plus forte. La pizza, bien que d'origine napolitaine, figure ici, car adoptée depuis longtemps, on peut presque dire qu'elle a été naturalisée « provençale ». Les soupes utilisent les nombreux légumes et surtout les produits de la mer : bouillabaisse et bourride sont deux monuments de la cuisine de Provence.

Dans les poissons et coquillages, on retrouve la morue. La préparation « en raïto », à base de vin rouge, serait d'origine ionienne, importée par les Phocéens de Marseille.

Pour les viandes et les volailles, les Provençaux ont su utiliser toutes les ressources de leur terroir, les herbes, les citrons, les olives, les anchois, les câpres, pour produire des recettes originales.

Les légumes se préparent en accompagnement pour les viandes et les poissons ; mais ils peuvent aussi se servir en entrée ou seuls, pour un repas léger, quand ils sont

farcis ou cuits dans le « tian », sorte de grand plat à gratin qui a donné son nom aux recettes. Dans les pâtes et les gnocchis, on retrouve l'influence italienne.

Au dessert, on présente souvent les fruits, gorgés de soleil, mûrs à point. Pour les longs mois d'hiver, les Provençaux ont mis au point des recettes pour conserver ces fruits, secs, confits ou en compotes. La tradition veut ici que le repas de la nuit précédant Noël se termine par les « treize desserts », treize comme Jésus-Christ et ses apôtres : y figurent des fruits frais et secs, en principe raisins, figues, amandes, noix, poires, pommes, pâte de coings, abricots confits, melon d'hiver, ainsi que pompe à l'huile, calissons d'Aix, nougat noir et nougat blanc.

puis de la Lotharingie. Enfin en 1032 le comté de Provence est rattaché au Saint-Empire romain germanique.

Les Sarrasins, installés dans les Maures aux IXe et Xe siècles, en sont définitivement chassés en 973. C'est à eux que l'on devrait les chevaux andalous de Camargue.

Passée dans le comté de Barcelone, après la croisade des Albigeois, la Provence échoit ensuite aux Anjou, rois de Naples, surtout tournés vers l'Italie. La reine Jeanne 1re de

Naples vend Avignon aux papes. Après la mort du *bon roi René* Louis XI réunit le comté au royaume de France.

La politique centralisatrice des rois de France n'empêche pas l'essor économique. Marseille est un port particulièrement actif, qui entretient des relations autant avec les pays bordant la Méditerranée qu'avec les Amériques.

La conquête de l'Algérie, et de l'Afrique du Nord, ouvre de nouveaux débouchés,

INTRODUCTION

En Provence et dans le comté de Nice, les aléas de l'histoire ont favorisé les apports culturels, et culinaires, de pays parfois aussi lointains que les Amériques, d'où est venue la tomate, alors que d'Asie est venue l'aubergine. Le visiteur y trouve une cuisine riche et variée, ainsi que toute la gamme des vins pour l'accompagner.

La géographie

De nos jours, la région administrative Provence-Alpes-Côte d'Azur regroupe six départements : Alpes-Maritimes, Var, Bouches-du-Rhône, Vaucluse, Alpes de Haute-Provence et Hautes-Alpes. Elle est limitée naturellement par la Méditerranée au sud et le Rhône à l'ouest. La frontière italienne la délimite à l'est, et au nord elle comprend une partie de l'ancienne province du Dauphiné.

Si l'on excepte le sillon rhodanien et la vallée de la Durance, la Provence et le comté de Nice offrent le paysage montagneux des Préalpes et des Hautes-Alpes. Les massifs des Maures et de l'Estérel, granitiques, sont d'origine plus ancienne. Le relief tourmenté rend les communications difficiles, mais l'ensoleillement et la luminosité sont les plus forts de France.

Ces conditions et un important travail humain – en particulier d'irrigation – ont permis la création d'une agriculture intensive spécialisée dans les fruits, les légumes, les fleurs, la vigne et la riziculture. Sur les terres brûlées par le soleil en été, prospère le premier troupeau ovin de France.

L'apparition du tourisme a complètement transformé la vie et l'aspect de la façade méditerranéenne, autrefois seulement peuplée de villages de pêcheurs.

Une histoire riche d'influences

La Provence fut peuplée dès les temps préhistoriques. Aux premiers occupants ligures vinrent s'ajouter des Celtes du Nord et des Grecs, venus par la mer. Massilia – Marseille – fut fondée par des Phocéens au VIᵉ

siècle avant J.-C. Profitant des heurts entre ces populations, Rome mit la main sur la région qui, en 118 avant J.-C., devint la *Provincia*, avec comme capitale Narbonne. De très nombreux vestiges témoignent de la prospérité de la Provence sous la *Pax Romana*, comme les arènes d'Arles ou le théâtre de Vaison-la-Romaine.

A partir de 476 et des grandes invasions, la Provence fait successivement partie du royaume franc, puis de l'empire carolingien,

TABLE

Salade niçoise

2 poivrons verts, évidés et épépinés
8 tomates moyennes, coupées en tranches
225 g de haricots verts fins, cuits et égouttés
1 oignon émincé en rondelles
1 petite boîte (65 g) de filets d'anchois,
égouttés
4 œufs durs, coupés en rondelles
225 g d'olives noires

Pour la vinaigrette :

sel et poivre
5 cl de vinaigre
10 cl d'huile d'olive

Pour 8 personnes

Émincez les poivrons en fines lamelles.

Mettez dans un grand saladier tous les ingrédients, mais seulement la moitié des olives.

Assaisonnez avec la moitié de la vinaigrette et mélangez délicatement.

Ajoutez le reste de la vinaigrette et garnissez avec le reste des olives.

Allumettes aux anchois

50 g de beurre
2 cuillères à soupe de farine
5 cl de lait bouillant
3 jaunes d'œufs
5 filets d'anchois dessalés écrasés ou
1 cuillère à soupe de pissala (voir page 18)
400 g de pâte feuilletée
12 filets d'anchois dessalés, entiers
1 œuf battu

Pour 6 personnes

Faites fondre le beurre dans une casserole. Ajoutez la farine et incorporez-la au beurre. Versez alors le lait ; continuez à tourner sur feu doux et incorporez les jaunes d'œufs et les filets écrasés. Quand la pâte est épaisse, laissez-la refroidir.

Abaissez la pâte feuilletée en rectangle sur environ 5 mm d'épaisseur. Divisez cette abaisse en 24 rectangles réguliers d'environ 4 × 12 cm. Déposez sur 12 rectangles 1 cuillère à café de pâte aux anchois et 1 filet d'anchois entier. Badigeonnez les bords d'eau et déposez dessus un autre rectangle de pâte. Soudez les bords en appuyant dessus. Dorez les allumettes à l'œuf battu.

Posez les allumettes sur une tôle à pâtisserie huilée et faites cuire à four chaud (180° C) environ 10 minutes.

Pompe aux anchois

20 g de levure de boulanger
5 cl d'eau tiède
500 g de farine
1 grosse pincée de sel (environ 5 g)
10 cl d'huile d'olive
9 filets d'anchois à l'huile

Pour 10 personnes

Délayez la levure dans l'eau tiède. Dans une grande jatte, mettez la farine. Ajoutez le sel, l'eau et la levure, l'huile d'olive. Pétrissez longuement pour obtenir une pâte lisse et un peu molle.

Étalez cette pâte sur une surface farinée pour obtenir deux abaisses de forme ovale.

Posez sur l'une les filets d'anchois, recouvrez avec l'autre. Pratiquez 3 entailles au centre. Couvrez d'un linge et laissez lever 3 heures.

Enfournez alors à four moyen (200 °C) et laissez cuire 30 minutes. Badigeonnez d'huile d'olive à mi-cuisson.

Cette pompe se sert tiède à l'apéritif avec un bon rosé bien frais, ou avec un fromage de chèvre.

Poutargue

250 g de poutargue

Pour 6 personnes

Retirez la pellicule qui enveloppe les œufs et coupez de très fines lamelles. Servez-les nature en apéritif.

Note : la poutargue, ou boutargue, est faite d'œufs de mulet, salés et séchés au soleil sur des pierres, puis pressés. Cette recette aurait été mise au point par les Phéniciens et les Juifs d'Orient, ce qui explique qu'aujourd'hui la poutargue vienne surtout de Tunisie.

Salade des pinèdes

1/2 tête de salade frisée
100 g de riquette
100 g de pointes d'asperges, cuites
100 g de raisins de Corinthe

Pour garnir :

50 g de pignes de pin

Pour la vinaigrette :

sel et poivre
1 cuillère à soupe de vinaigre
2 cuillères à soupe d'huile d'olive

Pour 4 personnes

Préparez d'abord la vinaigrette dans un bol. Lavez soigneusement et essorez les salades.

Disposez-les dans un saladier, ajoutez les pointes d'asperges et les raisins de Corinthe. Arrosez de vinaigrette et mélangez le tout.

Juste avant de servir, ajoutez les pignons.

Socca

250 g de farine de pois chiche
50 cl d'eau froide
1 cuillère à café de sel fin
2 cuillères à soupe d'huile d'olive

Pour 4-5 personnes

Délayez la farine de pois chiche dans l'eau, ajoutez le sel et l'huile d'olive.

Passez au chinois pour enlever les grumeaux, au-dessus d'une plaque à pâtisserie, à bords hauts, bien huilée, sur 2 ou 3 mm d'épaisseur seulement.

Mettez dans un four chaud (200° C) sous le gril et laissez dorer 10 minutes. Piquez les cloques qui se forment en surface avec la pointe d'un couteau. Servez très chaud.

Jambon cru aux figues

12 figues bien mûres
6 tranches de jambon cru,
coupé le plus fin possible

Pour 6 personnes

Lavez bien les figues. Coupez la queue et incisez les figues en croix pour les présenter ouvertes.

Enroulez les tranches de jambon en cornet autour de 6 figues. Disposez ces cornets sur un plat et décorez avec le reste des figues.

Panisses

1 l d'eau
sel et poivre
2 cuillères à soupe d'huile d'olive
300 g de farine de pois chiche

Pour 6 personnes

Faites chauffer dans une casserole l'eau avec un peu de sel, du poivre et 2 cuillères à soupe d'huile. Quand le mélange arrive à ébullition, hors du feu ajoutez la farine en pluie. Mélangez bien avec une spatule et remettez sur le feu. Tout en tournant, laissez le mélange épaissir 5 à 12 minutes.

Versez cette pâte dans des soucoupes huilées, tassez le mélange avec les doigts passés à l'eau froide et laissez refroidir 3 à 4 heures.

Démoulez les panisses, découpez-les en tronçons de la taille d'une frite et faites-les dorer à la poêle dans de l'huile d'arachide bien chaude. Égouttez-les, posez-les sur un plat, poivrez et salez. Servez en accompagnement d'une viande.

Jambon cru aux figues

Caillettes (en haut) ;
œufs farcis aux anchois (en bas).

Caillettes

1 kg d'épinards (ou du vert de blettes)
350 g de foie de porc
350 g de gorge de porc
100 g d'oignons hachés fin
4 gousses d'ail écrasées
2 cuillères à soupe de persil haché
12 cl de vin blanc
15 g de sel
3 g de poivre
1 crépine de porc rafraîchie à l'eau froide
feuilles de sauge

Pour 1 kg de caillettes

Lavez et équeutez les épinards. Faites-les cuire 5 minutes à l'eau bouillante salée. Rafraîchissez-les à l'eau froide. Égouttez-les et pressez-les pour en retirer le maximum d'eau. Hachez-les.

Hachez le foie et la gorge de porc. Dans une grande jatte incorporez à ce mélange les épinards, l'oignon, l'ail, le persil et le vin blanc. Salez et poivrez. Laissez reposer une demi-journée.

Étalez la crépine sur un plan de travail. Divisez la farce en boulettes de la taille d'une mandarine. Posez une feuille de sauge sur chacune. Enveloppez-les d'un morceau de crépine. Aplatissez légèrement chaque caillette.

Posez-les dans un plat à gratin, graissé à l'huile d'olive, bien serrées, la feuille de sauge en-dessous. Mettez à cuire au four (200 °C) pendant 1 h 30. Mouillez de temps en temps avec du bouillon de bœuf (ou du jus de légumes ou de l'eau), pour qu'elles dorent sans brûler.

Servez chaud accompagné d'une sauce tomate bien relevée (voir Tautènes farcis, page 40), ou froid, avec une salade verte.

Œufs farcis aux anchois

6 œufs
sel et poivre
6 anchois au sel dessalés (voir note)
1 pincée de persil haché
1 cuillère à soupe d'huile d'olive

Pour décorer :

feuilles de laitue
50 g d'olives noires

Pour 6 personnes

Faites durcir les œufs 10 minutes à l'eau bouillante salée. Plongez-les 4 à 5 minutes dans de l'eau froide et écalez-les.

Coupez les œufs en deux dans le sens de la longueur. Retirez les jaunes et placez-les dans une jatte. Écrasez-les avec les anchois. Poivrez, ajoutez le persil et incorporez progressivement l'huile pour obtenir une pâte homogène. Farcissez les blancs avec cette pâte.

Disposez les feuilles de laitue sur un plat de service, posez les blancs farcis dessus et décorez avec les olives noires.

Note : pour dessaler les anchois au sel, enlevez le sel qui les recouvre, rincez-les trois ou quatre fois à l'eau froide. Laissez-les tremper 3 ou 4 heures dans du vinaigre de vin. Retirez-les du vinaigre, enlevez l'arête centrale, égouttez-les soigneusement entre deux linges et remettez-les à tremper 3 ou 4 heures dans de l'huile d'olive.

Ces anchois sont délicieux servis en apéritif, avec des radis.

Omelette aixoise

500 g de petites courgettes
3 cuillères à soupe d'huile d'arachide
sel et poivre
1 petite gousse d'ail écrasée (20 g)
10 feuilles de basilic ciselées fin
8 œufs

Pour 4 personnes

Lavez les courgettes et émincez-les.

Faites chauffer l'huile dans une grande poêle. Faites sauter les courgettes, en les remuant fréquemment, 10 minutes. Ajoutez du sel et du poivre, l'ail, couvrez et laissez encore cuire 5 minutes. A la fin ajoutez le basilic. Mettez de côté.

Battez les œufs dans une jatte avec du sel et du poivre. Versez-les dans la poêle. Quand l'omelette est cuite, ajoutez les courgettes au centre. Passez l'omelette sur le plat de service, roulée ou en portefeuille.

Pâté de grives

250 g de chair de grives
250 g de poitrine de veau
250 g de gorge de porc
50 g d'oignon haché
10 g d'ail écrasé
3 cl de cognac
3 cl de vin blanc sec
12 g de sel
2 g de poivre
1 g de noix de muscade râpée
2 baies de genièvre pilées
1 œuf entier
1 crépine de porc rafraîchie à l'eau froide

Pour 6 à 7 personnes

Coupez la chair de grives en petits dés, hachez moyen le veau et la gorge de porc. Dans une grande jatte, incorporez aux viandes l'oignon, l'ail, le cognac, le vin blanc, sel, poivre et épices. Laissez reposer 48 heures au frais.

Sortez la terrine du réfrigérateur et laissez-la revenir à la température ambiante. Travaillez-la alors avec l'œuf ; si le mélange est un peu sec, ajoutez du cognac.

Dépliez délicatement la crépine et disposez-la dans une terrine à pâté, en la laissant déborder. Tassez la farce dans la terrine et rabattez la crépine sur le dessus. Couvrez et faites cuire au bain-marie, dans le four (180 °C), pendant 1 h 30.

Note : vous pouvez utiliser la même recette avec un arrière de lièvre, mais comme cette viande est plus sèche, utilisez 500 g de veau et 500 g de gorge de porc.

Olives farcies

1 kg d'olives noires de Grèce, ou d'olives vertes
100 g de tapenade
25 g de pissala
1 pincée de poivre
100 g de câpres

Pour 6 personnes

Dénoyautez les olives. Mélangez la tapenade et le pissala, poivrez. Farcissez les olives avec ce mélange et ajoutez dans chacune une câpre.

Note : le pissala est une spécialité niçoise qui s'achète toute prête. On fait macérer la tête et les intestins de blanchaille (très petits poissons) de sardines et d'anchois, avec du sel et des aromates, puis on les écrase en purée. Conservez-le au frais, recouvert d'une fine couche d'huile. Si vous ne trouvez pas de pissala, utilisez 50 g d'anchois à l'huile, écrasés en purée.

Pâté provençal

4 cuillères à soupe d'huile d'olive
300 g d'oignons, hachés fin
750 g de foies de volaille
1 cuillère à soupe de thym
1 poivron rouge
sel et poivre
25 g de beurre clarifié (voir note)
feuilles de laurier
lanières de poivron rouge

Pour 5 à 6 personnes

Mettez deux cuillères d'huile dans une poêle et faites fondre les oignons à feu doux 20 minutes. Retirez-les avec une écumoire et réservez-les.

Faites chauffer le reste d'huile dans la même poêle. Saupoudrez les foies de thym et faites-les frire rapidement, environ 5 minutes. Laissez-les tiédir.

Faites griller le poivron rouge, pelez-le et émincez-le en fines lamelles.

Quand les foies sont tièdes, mettez-les dans un mixeur, ou dans une moulinette à grille très fine, avec les oignons frits, le poivron rouge, du sel et du poivre du moulin. Hachez et mélangez bien le tout.

Tassez le hachis dans une terrine de 0,5 l ; couvrez de beurre clarifié et décorez avec laurier et poivron rouge. Mettez au frais quelques heures. Servez avec du pain de campagne et un rosé de Provence. Ce pâté se conserve au réfrigérateur pendant une semaine.

Note : pour préparer du beurre clarifié, faites fondre à feu doux 250 g de beurre. Quand il mousse, passez-le sur une mousseline, dans un pot en grès (il ne doit absolument pas colorer). Conservez-le au frais. Ce beurre très fin s'utilise dans de nombreuses sauces.

Pâté provençal

Sardines à la sétoise

Sardines à la sétoise

6 grosses tomates
sel et poivre
15 sardines fraîches, de taille moyenne
100 g de beurre
3 cuillères à soupe de persil haché
jus de 1/2 citron

Pour 6 personnes

Coupez les tomates en deux. Videz-les avec une petite cuillère et salez l'intérieur. Disposez-les dans un plat allant au four et faites cuire au four préchauffé (140°) 10 minutes, sans aucune matière grasse. En les sortant du four, égouttez-les en prenant bien soin de ne pas les écraser.

Lavez les sardines et essuyez-les pour détacher les écailles. Enlevez la tête en entraînant l'arête centrale.

Mettez les sardines sur une grille en haut du four et faites-les cuire sous le gril 5 minutes, puis retournez-les et faites-les cuire de l'autre côté 5 minutes. Sortez les du four et écrasez-les pour les réduire en purée.

Faites fondre le beurre dans une casserole sur feu doux. Ajoutez le persil haché, la purée de sardines, du sel, du poivre, le jus du demi-citron et réchauffez doucement.

Garnissez l'intérieur des tomates avec cette préparation, et servez-les tièdes ou froides.

Beurre d'anchois

350 g de filets d'anchois, hachés
350 g de beurre
1 gousse d'ail, épluchée et écrasée

Mettez tous les ingrédients dans un mixeur et mélangez jusqu'à obtention d'une pâte épaisse. Si vous n'avez pas de mixeur, mettez les ingrédients dans un mortier et écrasez-les avec un pilon.

Étalez la pâte sur des petits toasts et servez à l'apéritif avec un vin blanc sec bien frais.

Anchoïade

350 g de filets d'anchois dessalés
20 cl d'huile d'olive
3 gousses d'ail, épluchées et écrasées
1 cuillère à soupe de vinaigre
poivre du moulin

Mettez tous les ingrédients dans un mixeur et mélangez bien. Si vous préférez, mettez-les dans un mortier et ajoutez l'huile goutte à goutte.

Servez en hors-d'œuvre avec des crudités et un vin blanc sec bien frais.

Vous pouvez aussi préparer une fougasse en étalant l'anchoïade sur de la pâte à pain, arrosée d'huile d'olive et frottée d'ail. Faites cuire 15 à 20 minutes dans un four très chaud (230°).

Note : l'anchoïade peut aussi se servir avec des lanières de poivrons. Posez les poivrons sur une flamme ; quand la peau a brûlé, retirez-la et découpez la chair en lanières ; arrosez-les de sel et d'huile.

Tapenade

100 g de filets d'anchois au sel
225 g de grosses olives noires dénoyautées
25 g de câpres
1 gousse d'ail écrasée
3 cuillères à soupe d'huile d'olive
poivre du moulin

Faites dessaler les anchois toute la nuit dans de l'eau froide. Rincez-les et égouttez-les.

Mettez tous les ingrédients dans un mortier et écrasez au pilon, en ajoutant l'huile petit à petit. Vous pouvez aussi faire cette opération dans un mixeur.

Étalez la tapenade sur des petits toasts beurrés et servez en amuse-gueule, ou pour accompagner des hors-d'œuvre.

Pizza

400 g de farine
1 cuillère à café de levure de boulanger
6 cuillères à soupe d'eau tiède
1 cuillère à café de sel
6 cuillères à soupe d'huile d'arachide
10 cl de coulis de tomate (voir ci-dessous)
18 olives noires
1 petite boîte de filets d'anchois à l'huile,
égouttés
1 cuillère à soupe d'origan
poivre du moulin

Pour 6 à 8 personnes

Mélangez la levure à la farine et ajoutez l'eau tiède, le sel et la moitié de l'huile. Pétrissez cette pâte dix minutes. Laissez-la lever deux heures dans un endroit tiède.

Versez une cuillère à soupe d'huile sur une plaque carrée de 30 cm de côté et graissez-la bien.

Étendez la pâte au rouleau et garnissez-en la plaque en laissant la pâte dépasser les bords de 2 cm. Piquez-la à la fourchette plusieurs fois.

Étalez le coulis de tomates sur la pâte. Répartissez dessus olives et anchois de façon régulière, afin de former un dessin. Saupoudrez d'origan et de poivre. Arrosez avec le reste de l'huile.

Faites cuire dans un four très chaud (230°) 20 ou 25 minutes.

Coulis de tomates

6 cuillères à soupe d'huile d'olive
3 oignons émincés
1 pincée de sucre en poudre
1 kg de tomates bien mûres, pelées et
épépinées
4 gousses d'ail émincées
sel et poivre
2 cuillères à soupe de persil haché
1 cuillère à soupe de basilic haché

Pour environ 30 cl de coulis

Faites chauffer l'huile d'olive dans une poêle et faites fondre les oignons cinq minutes à feu doux. Ajoutez-leur une pincée de sucre.

Ajoutez les tomates coupées en morceaux, le sel et l'ail, et faites cuire dix minutes à feu vif, en tournant fréquemment.

Réduisez alors sur feu doux et continuez la cuisson dix minutes ; ajoutez du poivre. Trois minutes avant la fin de la cuisson, ajoutez le persil et le basilic.

Note : cette sauce se conserve quelques jours au réfrigérateur dans un bocal hermétique. Elle peut se garder encore plus longtemps si vous la versez dans des bocaux de verre et la stérilisez.

Pissaladière

1/2 cuillère à soupe de levure
200 g de farine
6 cuillères à soupe d'eau tiède
sel et poivre
6 cuillères à soupe d'huile d'olive
2 très gros oignons, épluchés et émincés
2 gousses d'ail, épluchées et émincées
1 pincée de sucre
1 petite boîte de filets d'anchois,
à l'huile d'olive
1 dizaine d'olives noires

Pour 4 personnes

Mélangez la levure à la farine et ajoutez l'eau tiède, du sel et deux cuillères d'huile d'olive pour préparer une pâte semblable à celle de la pizza (voir ci-dessus). Pétrissez dix minutes et laissez lever 2 heures dans un endroit tiède.

Pendant ce temps faites chauffer deux cuillères d'huile d'olive dans une poêle. Faite-y fondre les oignons et l'ail, environ 30 minutes. Ajoutez-leur une pincée de sucre, du sel et du poivre.

Lorsque la pâte a levé, graissez une tôle à tarte de 20 cm de diamètre avec une cuillère d'huile. Étendez la pâte au rouleau et garnissez-en la tôle. Piquez la pâte à la fourchette plusieurs fois.

Étalez les oignons dessus, formez des croisillons avec les anchois et placez les olives entre ces croisillons. Arrosez avec le reste de l'huile et faites cuire dans un four très chaud (230°) 15 minutes environ.

Pissaladière (en haut) ;
pizza (en bas).

Brandade de morue (en haut) ;
beignets de sardines (en bas).

Brandade de morue

225 g de morue salée
2 gousses d'ail, épluchées et écrasées
6 cuillères à soupe d'huile d'olive
10 cl de lait tiédi (environ)
poivre
1 jus de citron
persil et olives noires pour décorer
croûtons de pain dorés à l'huile

Pour 4 personnes

Faites dessaler la morue 24 heures dans de l'eau froide, en changeant l'eau plusieurs fois.

Rincez, égouttez et coupez la morue en morceaux ; mettez-les dans un grand fait-tout. Recouvrez d'eau froide et portez lentement à ébullition, couvrez et laissez mijoter huit minutes sans bouillir. A la fin de la cuisson, égouttez le poisson, enlevez la peau et les arêtes, émiettez la chair.

Dans une cocotte faites chauffer 2 cuillères à soupe d'huile. Ajoutez la chair du poisson et travaillez le tout à feu doux. Incorporez l'ail écrasé puis, progressivement, le reste de l'huile, en détendant la pâte avec un peu de lait quand c'est nécessaire. Elle doit ressembler, en fin de cuisson, à de la purée.

Ajoutez alors poivre et jus de citron. Servez bien chaud dans un plat ou dans des ramequins, décoré de persil et d'olives noires, avec des croûtons de pain.

Artichauts en fricassée

4 gros artichauts
4 cuillères à soupe d'huile d'olive
200 g de tranches fines de lard fumé
découennées et coupées en lardons
1 pincée de thym
2 feuilles de laurier
1/2 cuillère à café de graines de coriandre
1 branche de fenouil, ou 1 pincée de fenouil
en poudre
4 tomates coupées en quartiers
2 oignons coupés en rondelles
3 échalotes coupées fin
4 branches de persil
4 rondelles de citron
sel, poivre
10 cl de vin blanc sec

Pour 4 personnes

Coupez la queue des artichauts et le bout des feuilles. Retirez les petites feuilles dures sous le cœur. Ouvrez chaque artichaut en quatre et retirez le foin et les feuilles violettes. Plongez-les dans de l'eau fraîche citronnée.

Faites chauffer l'huile dans une cocotte et faites revenir les artichauts. Ajoutez ensuite les lardons et laissez-les dorer. Ajoutez alors tous les autres ingrédients. Couvrez, baissez le feu et laissez cuire 1 h 30 à feu très doux. Vérifiez en cours de cuisson le niveau de liquide : si nécessaire, ajoutez un tout petit peu d'eau. Servez bien chaud.

Beignets de sardines

16 petites sardines fraîches
1 litre d'huile d'arachide pour la friture
2 cuillères à soupe de persil haché

Pour la pâte :

150 g de farine tamisée
sel
1 gousse d'ail écrasée
2 œufs
60 cl de lait

Pour 4 personnes

Tout d'abord, préparez la pâte. Mettez la farine, le sel et l'ail dans une grande jatte. Creusez un puits et mettez l'œuf au centre, avec 30 cl de lait. Avec une cuillère en bois, incorporez la farine petit à petit, jusqu'à obtention d'une pâte lisse. Ajoutez le reste du lait progressivement et battez le mélange avec un fouet, jusqu'à ce que la surface soit couverte de petites bulles.

Lavez et écaillez les sardines, épongez-les. Enlevez la tête en entraînant l'arête centrale. Aplatissez-les et trempez-les une à une dans la pâte.

Faites-les frire dans l'huile très chaude, puis égouttez-les sur du papier absorbant.

Garnissez de persil haché et servez bien chaud.

SOUPES

Les soupes provençales sont presque toutes destinées à des appétits robustes. Elles nous viennent d'une époque où elles constituaient souvent à elles seules le repas du soir. La soupe au pistou, dont le goût est bien relevé par l'ail et le basilic, contient aussi des pâtes et du fromage. La bouillabaisse et la bourride, accompagnées respectivement de rouille et d'aïoli, peuvent se servir avec des pommes vapeur. Un dessert léger suffira ensuite. L'aïgo boulido, dans sa grande simplicité, vient à point pour reposer les estomacs fatigués.

Soupe au pistou

3 litres d'eau
sel et poivre
250 g de haricots verts effilés
250 g de haricots blancs, écossés
4 petites carottes coupées en dés
3 courgettes émincées
4 pommes de terre, épluchées
et coupées en morceaux
4 petites tomates, pelées, épépinées
et coupées en morceaux
3 gousses d'ail, pelées
15 feuilles de basilic ciselées
6 cuillères à soupe d'huile d'olive
225 g de petites pâtes
225 g de fromage râpé pour garnir

Pour 8 personnes

Portez l'eau à ébullition dans une grande marmite ; salez. Ajoutez les haricots, les carottes, les courgettes, les pommes de terre et trois tomates. Poivrez et laissez cuire à feu doux 45 minutes.

Pendant ce temps écrasez au pilon, dans un mortier, l'ail, le basilic et une tomate. Ajoutez l'huile d'olive progressivement et réservez ce mélange.

Ajoutez les petites pâtes dans la soupe et laissez cuire encore 20 minutes.

Cinq minutes avant la fin de la cuisson, ajoutez la moitié du pistou à la soupe dans la marmite. Versez l'autre moitié dans une soupière chaude, ajoutez une louche de soupe et mélangez bien. Versez le reste de la soupe. Garnissez de fromage râpé au moment de servir.

Aigo boulido

1 litre d'eau
sel et poivre
1 feuille de laurier
1 feuille de sauge
6 gousses d'ail, pelées et émincées
2 cuillères à soupe d'huile d'olive
6 tranches de pain grillées
2 jaunes d'œufs

Pour 4 personnes

Portez l'eau à ébullition.

Ajoutez alors du sel, du poivre, le laurier, la sauge, l'ail et la moitié de l'huile. Faites cuire 15 minutes à feu doux.

Pendant ce temps, faites griller les tranches de pain. Retirez l'ail et les herbes du bouillon. Placez les jaunes au fond d'une soupière, battez-les et délayez-les progressivement avec le bouillon bien chaud. Ajoutez les tranches de pain avant de servir.

Soupe au pistou

Bouillabaisse

2,5 kg de poissons, les plus variés possible

Poissons à chair ferme :

*rascasse grise
chapon (ou rascasse rouge)
congre
baudroie (ou lotte)*

Poissons à chair tendre :

*saint-pierre
loup
rouget-barbet
merlan*

*langouste ou langoustines (facultatif)
12-16 moules de Bouzigues*

*150 g d'oignons, pelés et émincés
4 gousses d'ail
2 grosses tomates bien mûres,
pelées, épépinées et coupées en morceaux
1 branche de thym
1 branche de persil
1 branche de fenouil
1 feuille de laurier
1 morceau d'écorce d'orange
2 grands verres d'huile d'olive
sel et poivre
6 pincées de safran*

Rouille :

*2 gousses d'ail, pelées
2 petits piments rouges
2 tranches de pain sans la croûte,
trempées dans le bouillon et exprimées
2 cuillères à soupe d'huile d'olive
1 cuillère à soupe du bouillon
de la bouillabaisse*

Pour 6 à 8 personnes

Demandez à votre poissonnier d'écailler les poissons et de les vider. Coupez-les en gros morceaux et disposez-les dans deux plats différents : un pour les poissons à chair ferme : rascasse, congre, lotte, et la langouste, l'autre pour les poissons à chair ten-dre : saint-pierre, loup, rouget-barbet, merlan. Brossez les coquilles des moules et lavez-les à grande eau.

Placez dans un faitout les oignons, l'ail émincé, les tomates, le thym, le persil, le fenouil, le laurier et l'écorce d'orange.

Disposez les poissons à chair ferme dessus, éventuellement la langouste et les langoustines, et arrosez-les des deux verres d'huile d'olive. Salez, poivrez et ajoutez le safran. Couvrez le tout d'eau froide, assez largement. Mettez à feu très vif, couvrez et comptez 7 minutes à partir de l'ébullition. Préparez la rouille (voir ci-dessous).

Ajoutez après les 7 minutes les poissons à chair tendre, refermez rapidement et continuez l'ébullition 5 minutes, toujours à feu très vif. Ajoutez les moules au dernier moment.

Disposez les poissons dans un grand plat de service creux.

Versez le bouillon passé dans une soupière et accompagnez le tout de la rouille, de croûtons et éventuellement de fromage râpé.

Note : pour la préparation de la rouille, écrasez dans un mortier l'ail et les piments, ajoutez la mie de pain, une pincée de safran, et incorporez progressivement l'huile d'olive, comme pour une mayonnaise. Détendez-la avec le bouillon.

Il existe de multiples variantes de la bouillabaisse. À Marseille, on ne lui adjoint jamais de langoustes ou de langoustines. Ce qui est important, c'est de respecter le principe qui définit le nom même de cette spécialité : elle doit « bouillir » et « baisser » successivement. La rapidité de la cuisson permet à l'huile et au bouillon de se combiner idéalement.

La bouillabaisse ne doit jamais attendre ; si on prolongeait la cuisson, le poisson ne serait plus présentable.

Bouillabaisse

Bourride

Bourride

*environ 2 kg de loup, baudroie (ou lotte),
et merlan (têtes réservées pour le court-
bouillon)
4 jaunes d'œuf, battus
30 cl d'aïoli (voir page 35)
6 tranches de pain grillé*

Pour le court-bouillon :

*1 oignon, pelé et coupé en quatre
1 feuille de laurier
1 branche de thym
1 morceau de zeste de citron
1 branche de fenouil
sel et poivre
6 cuillères à soupe de vin blanc sec
les têtes des poissons*

Pour 5 à 6 personnes

Mettez les ingrédients du court-bouillon dans une casserole. Couvrez juste d'eau et laissez mijoter 15 minutes. Laissez refroidir et passez.

Placez les morceaux de poisson dans le court-bouillon, amenez à ébullition et réduisez ensuite le feu. Laissez mijoter 15 minutes, jusqu'à ce que les poissons soient cuits.

Incorporez les jaunes d'œufs battus et une louche de court-bouillon passé à la moitié de l'aïoli. Versez dans une casserole et laissez épaissir à feu doux, en fouettant sans arrêt.

Disposez les tranches de pain grillé dans un plat de service, mouillez-les d'un peu de bouillon et versez la sauce dessus. Dressez le poisson au sommet et servez le reste de l'aïoli en saucière.

Note : à la différence de la bouillabaisse, la bourride ne requiert pas de poissons de roche et peut donc se préparer ailleurs qu'en Provence, à condition d'utiliser des poissons à chair ferme et blanche, tels que le saint-pierre, le turbot ou le flétan.

Soupe de poisson

*1,5 kg de poissons de roche (rouget-grondin,
congre, rascasse, remplacée éventuellement
par du merlan)
15 cl d'huile d'olive
2 gros oignons émincés
4 gousses d'ail émincées
100 g de poireaux émincés
100 g de carottes émincées
250 g de tomates concassées
1 branche de céleri émincée
1 branche de thym
2 feuilles de laurier
3 branches de persil
1 zeste d'orange
2 litres d'eau
1 verre de vin blanc
sel et poivre
1 pincée de safran branche
100 g de vermicelles*

Pour 6 personnes

Demandez à votre poissonnier de vider et d'écailler les poissons. Vérifiez qu'il n'y a plus d'écailles et coupez les poissons en gros tronçons, têtes comprises.

Dans une grande cocotte faites chauffer l'huile. Ajoutez les morceaux de poissons, et tous les autres ingrédients, sauf le safran et les vermicelles. Amenez à ébullition, couvrez et laissez cuire à petits bouillons 20 minutes.

Sortez les morceaux de poisson avec une écumoire, retirez le plus gros des arêtes et passez poisson et bouillon à la moulinette ou au mixeur.

Reversez la soupe dans une casserole, ajoutez le safran, et amenez doucement à ébullition. Versez le vermicelle et laissez cuire dix minutes.

Vérifiez l'assaisonnement et poivrez à nouveau. Servez très chaud.

Note : vous pouvez supprimer le vermicelle et servir la soupe avec des petits croûtons frottés d'ail et de la rouille (voir page 28).

POISSONS ET FRUITS DE MER

La Méditerranée offre à la Provence toutes ses ressources : dorades, loups, thons, rougets, rascasses, mais aussi moules, calamars ou oursins. On peut les servir séparément, mais aussi les utiliser en combinaisons, comme les rougets à l'oursinade. Le pastis vient parfois soutenir le goût du fenouil en branches. La morue salée, originaire de mers froides, s'est parfaitement acclimatée sous le soleil de Provence ; elle entre dans de nombreuses recettes, dont une des plus connues est le grand aïoli ; mais il ne faut pas oublier non plus la morue à la provençale, ou la morue en raïto.

Dorade au four

1 dorade (1,3 kg environ)
sel et poivre
1 oignon émincé
3 petites tomates coupées en deux
2 cuillères à soupe de court-bouillon de poisson
(voir page 31)
jus de 1 citron
1 cuillère à soupe de chapelure
1 cuillère à soupe d'estragon haché
3 cuillères à soupe d'huile d'olive
rondelles de citron pour garnir

Pour 4 à 6 personnes

Demandez à votre poissonnier d'écailler et de vider la dorade. Vérifiez l'écaillage. Salez et poivrez l'intérieur. Mettez-la dans un plat à four huilé.

Disposez oignon et tomates autour de la dorade. Arrosez avec le court-bouillon et le jus de citron. Parsemez de chapelure, d'estragon, et arrosez d'huile d'olive. Salez et poivrez.

Mettez à four moyen (200° C) 25 à 30 minutes. Arrosez de temps en temps avec le jus de cuisson, ou un peu d'eau si nécessaire.

Garnissez de rondelles de citron avant de servir.

Dorade farcie

1 dorade de 1,3 kg environ, vidée et écaillée
100 g de merlan haché
2 tranches de mie de pain
1 verre de lait
350 g de champignons de Paris émincés
1 oignon moyen, émincé
1 cuillère à soupe de persil haché
1 œuf, battu
quelques brins de fenouil sec
sel et poivre
20 cl de vin blanc sec

Pour 4 personnes

Vérifiez que le poisson est bien écaillé, surtout autour de la queue, des nageoires et des ouïes.

Préparez votre farce avec le merlan haché, la mie de pain trempée dans le lait et essorée, les champignons, l'oignon, le persil, l'œuf battu, du sel et du poivre. Mettez cette farce dans le ventre de la dorade et cousez très serré.

Huilez un plat à four, posez au fond quelques brins de fenouil ; posez dessus la dorade et arrosez avec le vin blanc et quelques cuillères d'eau.

Laissez cuire à four moyen (180° C) 40 à 50 minutes, en arrosant de temps en temps le poisson.

Dorade au four

Morue à la provençale (en haut) ;
thon aux poivrons (en bas).

Aïoli

1 kg de filets de morue
8 petites carottes nouvelles, grattées et
coupées en deux
8 pommes de terre nouvelles, grattées et
coupées en deux
500 g de haricots verts
6 petits artichauts
300 g de pois chiches

Pour l'aïoli :

8 gousses d'ail, pelées
1 jaune d'œuf
sel et poivre
30 cl d'huile d'olive

Pour 4 personnes

Faites cuire séparément à l'eau le poisson et les légumes.

Pendant ce temps, préparez l'aïoli : écrasez l'ail au pilon dans un mortier, ajoutez le jaune d'œuf, le sel et le poivre. Versez l'huile goutte à goutte, comme pour une mayonnaise. Si l'aïoli épaissit trop pendant la préparation, ajoutez-lui une goutte d'eau.

Égouttez poisson et légumes, et dressez-les sur un plat de service. Servez l'aïoli dans une saucière, à part.

Morue à la provençale

1 kg de morue salée
2 oignons moyens émincés
500 g de pommes de terre, pelées
et coupées en rondelles épaisses
3 gousses d'ail écrasées
4 grosses tomates bien mûres, pelées,
épépinées et coupées en morceaux
50 g de câpres
100 g d'olives noires
50 cl de vin blanc sec
2 cuillères à soupe d'huile d'olive
1 cuillère à soupe de basilic haché
1 feuille de laurier
poivre
1 cuillère à soupe de persil haché pour garnir

Pour 4 personnes

Mettez la morue à dessaler à l'eau froide, la veille de son utilisation.

Rincez la morue et détaillez-la en gros morceaux, que vous placerez dans une casserole en terre.

Recouvrez d'une couche d'oignons, puis de pommes de terre, d'ail et de tomates. Ajoutez les câpres et les olives. Mouillez avec le vin et l'huile. Parfumez avec le basilic et le laurier. Poivrez et couvrez. Mettez à four doux (180 °C) 30 à 40 minutes. Les légumes doivent être tendres.

Parsemez de persil haché avant de servir.

Thon aux poivrons

1 kg de thon blanc frais,
en tranches de 2 cm environ
farine
6 cuillères à soupe d'huile d'olive
sel et poivre
2 poivrons verts
2 oignons émincés
2 grosses tomates bien mûres, coupées en
morceaux
1 gousse d'ail, pelée et écrasée
1 bouquet garni
20 cl de vin blanc sec

Pour 4-6 personnes

Roulez les tranches de thon dans la farine et faites-les revenir dans 3 cuillères à soupe d'huile d'olive. Assaisonnez-les et disposez-les dans un plat allant au four.

Pendant ce temps, faites griller les poivrons, pelez-les et émincez-les.

Faites fondre les oignons dans le reste d'huile d'olive. Ajoutez-y les poivrons, les tomates, l'ail, le bouquet garni et assaisonnez. Après 20 minutes de cuisson à feu doux, ajoutez le vin et portez à ébullition.

Nappez les tranches de thon de cette sauce et faites cuire à four chaud (200 °C) 20 minutes ; couvrez, baissez le four à 180 °C et laissez cuire encore 30 minutes.

Rougets à l'oursinade

6 rougets-barbets, ou 12 petits
3 cuillères à soupe d'huile d'olive
3 branches de fenouil
sel

Pour la sauce :

2 douzaines d'oursins
jus de 1 citron
poivre

Pour 6 personnes

Demandez à votre poissonnier d'écailler les poissons, mais de ne pas les vider.

Mettez-les dans un plat creux. Arrosez-les d'huile d'olive et laissez-les en attente 1 heure, au frais. Chauffez légèrement un gril.

Garnissez-le d'un lit de fenouil et posez-y les rougets égouttés. Faites-les griller 15 minutes, en les retournant une fois en cours de cuisson.

Pour faire l'oursinade, ouvrez les oursins et ôtez-en le corail. Passez-le au mixeur avec le jus de citron et du poivre.

Réchauffez la sauce obtenue à feu doux.

Quand les rougets sont cuits, dressez-les sur un plat chaud, nappez-les de l'oursinade chaude et servez.

Note : on ne vide pas les très petits rougets, surnommés *bécasses de mer*. S'ils sont plus gros (400 g maximum), on les vide, mais on leur laisse toujours le foie, de goût très fin.

Merlu à la Castellanne

mirepoix (1 oignon, 1 carotte, 1 blanc de poireau, coupés très fin)
25 g de beurre
1,5 kg de moules, grattées et lavées
25 cl de vin blanc très sec
3 gousses d'ail écrasées
sel et poivre
farine
5 darnes (150 à 200 g chacune) de merlu, dit colin chez le poissonnier
15 cl d'huile d'arachide
2 jaunes d'œufs
15 cl de crème fraîche
jus de 1 citron

Pour 5 personnes

Faites revenir la mirepoix dans le beurre. Faites ouvrir les moules à feu vif dans une cocotte avec le vin blanc, l'ail et la mirepoix. Sortez-les de leur coquille et filtrez le jus de cuisson à travers une étamine.

Salez, poivrez et farinez les tranches de merlu. Faites chauffer l'huile dans une sauteuse et saisissez-y les tranches de poisson : elles doivent dorer (3 minutes).

Dans un plat à gratin préalablement beurré disposez à plat les darnes de merlu et répartissez autour des moules.

Dans le jus des moules encore tiède incorporez les jaunes d'œufs, la crème et le jus de citron. Vérifiez l'assaisonnement et travaillez le mélange au fouet. Versez-le sur les darnes et les moules ; passez à four moyen (180° ou 200° C) pendant 5 minutes. Accompagnez de riz créole.

Rougets au pastis

8 petits rougets-barbets
3 cuillères à soupe de pastis
1 cuillère à soupe d'herbes de Provence
100 g de beurre
20 cl de crème fraîche épaisse

Pour 4 personnes

Écaillez les rougets délicatement et arrosez-les de deux cuillères à soupe de pastis. Saupoudrez-les d'herbes de Provence. Laissez mariner dix minutes.

Égouttez les rougets et faites-les griller 5 minutes de chaque côté.

Pendant ce temps, préparez la sauce : chauffez le reste de pastis dans une louche, faites fondre le beurre dans une casserole et versez le pastis sur le beurre fondu. Flambez. Laissez la sauce réduire légèrement, ajoutez-lui la crème et laissez réduire encore un peu.

Quand les rougets sont grillés, disposez-les sur un plat de service et nappez-les de cette sauce. Servez avec des pois mange-tout et des petites pommes de terre nouvelles ; accompagnez de vin blanc sec.

Rougets au pastis

Loup au fenouil

1 loup de 1 kg environ
2 cuillères à soupe d'huile d'olive
1 cuillère à soupe de graines de fenouil
4 branches de fenouil
2 cuillères à soupe de pastis

Pour 4 personnes

Demandez à votre poissonnier d'écailler et de vider le poisson. Vérifiez l'écaillage, lavez et épongez le poisson.

Faites deux ou trois incisions de chaque côté du poisson, arrosez-le d'huile d'olive et mettez-lui les graines dans le ventre.

Mettez les branches de fenouil sur un gril chaud et posez le poisson par-dessus. Faites-le griller 20 minutes environ, en le tournant au moins deux fois en cours de cuisson.

Piquez la chair du poisson ; s'il ne s'écoule plus de liquide rosé, c'est que la cuisson est terminée. Placez le loup et le fenouil dans un plat de service résistant au feu.

Faites chauffer le pastis dans une louche, flambez et arrosez le poisson. Le fenouil doit prendre feu et donner ainsi une saveur délicate au loup.

Loup au Côtes-du-Rhône

mirepoix (1 carotte, 1 branche de céleri,
1 oignon, 1 blanc de poireau, coupés très fin)
50 g de beurre
50 cl de Côtes-du-Rhône rouge (à 12°)
25 cl de court-bouillon (voir page 31)
25 cl d'eau
2 gousses d'ail écrasées
2 anchois dessalés hachés fin
1 bouquet garni
sel et poivre
1 loup (ou bar) de 1,5 kg, lavé et écaillé
1,5 kg de pommes de terre BF. 15 pelées
jus de 1 citron
persil haché pour décorer

Pour 4-5 personnes

Faites revenir la mirepoix avec 25 g de beurre dans une grande casserole. Mouillez avec le vin, le court-bouillon et l'eau. Ajoutez l'ail, les anchois, le bouquet garni, salez

peu et poivrez. Laissez réduire de moitié, ouvert, à feu vif, 30 minutes.

Beurrez un grand plat à four avec le reste de beurre. Salez et poivrez l'intérieur du poisson et posez-le au fond du plat. Passez au-dessus le liquide réduit chaud. Ajoutez les pommes de terre coupées en morceaux réguliers. Faites cuire à four chaud (200° C) 15 minutes. Arrosez le poisson de jus de citron et parsemez-le de persil haché.

Calamars à la provençale

2,5 kg de calamars
3 oignons émincés
4 gousses d'ail écrasées
2 cuillères à soupe d'huile d'arachide
300 g de concentré de tomates
2 cuillères à soupe d'huile d'olive
3 cuillères à soupe de cognac
25 cl de vin blanc
sel et poivre
2 cuillères à soupe de persil haché
1 pincée de safran
1 filet d'huile d'olive en fin de cuisson

Pour 8 personnes

Lavez les calamars, coupez les tentacules, jetez le bec et la plume. Émincez en fines lamelles les poches et mettez de côté les tentacules.

Faites sauter 5 minutes les lamelles de calamars et les tentacules dans une poêle sèche sur feu très vif. Quand le tout se recroqueville et vire au rose, égouttez et réservez le jus de cuisson.

Faites blondir les oignons et l'ail dans l'huile et incorporez le concentré de tomates. Versez cette sauce dans un fait-tout et ajoutez le jus de cuisson des calamars.

Dans une poêle faites sauter les calamars avec l'huile d'olive bien chaude, arrosez de cognac et flambez.

Ajoutez-les à la sauce, arrosez de vin blanc, salez, poivrez et incorporez le persil. Faites mijoter 45 minutes. Si nécessaire, rajoutez du bouillon de légumes ou du vin blanc. En fin de cuisson, ajoutez le safran et le filet d'huile. Servez avec une couronne de riz de Camargue et un rosé de Provence.

Calamars à la provençale

Tautènes (calamars) farcis

6 à 12 petits calamars
500 g de vert de blettes ou d'épinards
1 cuillère à soupe d'huile d'olive
50 g d'oignon haché
2 gousses d'ail
200 g de mie de pain trempée dans du lait
(ou 100 g de riz cuit)
1 cuillère à soupe de persil haché
2 jaunes d'œufs
sel et poivre

Sauce tomate :

500 g de tomates pelées et concassées
1 cuillère à soupe d'huile d'olive
1 oignon haché
1 bouquet garni
2 gousses d'ail

Pour 6 personnes

Lavez les calamars, coupez les tentacules, jetez la plume et le bec. Hachez les tentacules.

Ébouillantez 5 minutes le vert de blettes ou les épinards. Rafraîchissez à l'eau froide, pressez pour en retirer le maximum d'eau et hachez.

Dans une sauteuse faites revenir à l'huile chaude l'oignon. Hors du feu ajoutez les tentacules, l'ail écrasé, le vert de blettes, la mie de pain essorée, le persil et les jaunes d'œufs. Salez et poivrez.

Farcissez les calamars avec ce mélange, huilez un plat à gratin et rangez-y les calamars à plat, bien serrés.

Pour la sauce, faites fondre les tomates dans une poêle avec l'huile, l'oignon, le bouquet garni, l'ail écrasé, du sel et du poivre. Laissez réduire à petit feu, à découvert, 10 minutes. Retirez le bouquet garni, passez à la moulinette et versez sur les calamars farcis.

Faites cuire à four moyen (180 °C) 30 minutes.

Moules farcies

2 douzaines de grosses moules
1 verre de vin blanc sec
1 bouquet garni
sel et poivre
100 g de chapelure
1 tomate, hachée fin
2 échalotes émincées
3 gousses d'ail hachées
1 cuillère à soupe de ciboulette hachée
50 g de beurre
1 cuillère à soupe de persil haché

Pour 4 personnes

Nettoyez et brossez soigneusement les moules à l'eau froide.

Faites-les ouvrir à feu vif dans une grande cocotte couverte, avec le vin, le bouquet garni et du poivre. Jetez les demi-coquilles vides et celles qui ne se sont pas ouvertes.

Mélangez les trois quarts de la chapelure, la tomate, les échalotes, l'ail, la ciboulette, le beurre, le persil, un peu de sel et une cuillère à soupe du jus de cuisson des moules, filtré.

Répartissez ce mélange sur les moules et disposez celles-ci dans un plat à four. Saupoudrez du restant de chapelure et faites gratiner 10 à 15 minutes à four chaud (200 ° C). Servez aussitôt, accompagné de vin blanc sec.

Moules farcies

Pilaf des pêcheurs

Pilaf des pêcheurs

3 crabes
8 grosses étrilles (facultatif)
225 g de calamars, nettoyés et coupés en lamelles
4 cuillères à soupe d'huile d'olive
sel et poivre
3 grosses tomates, pelées, épépinées et coupées en morceaux
2 oignons émincés
50 g de beurre
225 g de riz de Camargue
1 pincée de safran
2 litres de moules

Pour le court-bouillon :

2 litres d'eau
1 bouquet garni
sel et poivre

Pour 6 personnes

Amenez à ébullition dans une casserole les deux litres d'eau avec le bouquet garni, du sel et du poivre. Laissez bouillir dix minutes, puis plongez-y les crabes et les étrilles. Laissez frémir 10 minutes.

Passez le bouillon et réservez-le. Égouttez les crabes et laissez-les refroidir. Ouvrez les carapaces et extrayez-en la chair.

Faites revenir les calamars dans une grande poêle avec 1 cuillère à soupe d'huile d'olive 5 minutes. Salez, poivrez. Retirez-les et gardez-les au chaud.

Dans la même poêle, faites revenir les tomates avec 1 cuillère à soupe d'huile. Gardez-les au chaud.

Dans la poêle, faites dorer les oignons avec le beurre et le reste d'huile d'olive.

Lorsqu'ils sont bien dorés, ajoutez le riz en tournant à la cuillère de bois. Arrosez avec le court-bouillon réchauffé, louche par louche, à mesure que le riz l'absorbe.

Quand le riz est presque cuit, ajoutez les calamars, les tomates, le safran, et assaisonnez.

Pendant ce temps, faites ouvrir les moules à feu vif. Jetez celles qui restent fermées. Enlevez les coquilles ouvertes, filtrez le jus et ajoutez-en une louche au riz.

Quand tout est prêt, ajoutez les moules et la chair des crabes au riz et servez bien chaud.

Morue en « raïto »

1,200 kg de filets de morue salée
farine
4 cuillères à soupe d'huile d'olive
150 g d'oignons hachés
4 gousses d'ail
3 cuillères à soupe de coulis de tomates
50 cl d'eau
50 cl de vin rouge (si possible à 13 % Vol.)
1 bouquet garni
sel et poivre
100 g d'olives noires
50 g de câpres

Pour 6 personnes

Mettez la morue à dessaler 12 heures.

Coupez-la en carrés (d'environ 100 g). Séchez-la, farinez-la et faites-la frire dans une poêle avec 1 cuillère à soupe d'huile d'olive. Égouttez-la et disposez-la dans un plat à four enduit d'huile d'olive.

Préparez la sauce à côté dans une cocotte. Faites chauffer le reste d'huile. Ajoutez alors l'oignon, l'ail écrasé et le coulis de tomates. Remuez et faites colorer. Mouillez avec l'eau et le vin. Ajoutez le bouquet garni, un peu de sel et du poivre. Couvrez et laissez cuire 20 minutes à petit feu. Retirez le bouquet garni.

Répartissez les olives et les câpres sur la morue. Versez dessus la sauce et laissez cuire à four moyen (200 °C) pendant 30 minutes. Servez bien chaud.

Note : d'après la tradition, cette recette d'origine ionienne aurait été importée par les Phocéens de Marseille.

VIANDES ET VOLAILLES

Les herbes de Provence, gorgées de parfums grâce au soleil, les olives, les citrons, les anchois, accompagnent souvent les viandes et les volailles auxquelles ils donnent un goût caractéristique : essayez le lapin à la diable, piqué d'anchois, ou le canard du pays niçois relevé de ces petites olives qu'on ne trouve qu'à Nice. Les viandes en daube, cuites longtemps et à très petit feu, dans du vin rouge, sont une autre spécialité de la région.

Poulet aux herbes et aux olives

250 g d'olives noires, dénoyautées
1 cuillère à soupe de persil
1 branche de romarin
2 feuilles de laurier
2 branches de sarriette
3 gousses d'ail, pelées et coupées finement
150 g de beurre
sel et poivre
1 poulet de 1,5 kg environ, coupé en morceaux
3 cuillères à soupe d'huile d'olive

Pour décorer :

1 bouquet d'herbes fraîches (facultatif)

Pour 4 personnes

Hachez la moitié des olives et mélangez-les aux herbes hachées, à l'ail et au beurre. Salez et poivrez.

Frottez les morceaux de poulet de ce mélange. Placez-les dans un plat à four, piquez la peau avec un couteau pointu et arrosez le tout d'huile d'olive.

Faites dorer à four moyen (200 ° C) 35 à 40 minutes, en tournant les morceaux de temps en temps.

Au moment de servir, ajoutez le reste des olives. Vous pouvez décorer avec un bouquet d'herbes fraîches. Accompagnez de légumes verts au choix.

Poulet au citron

1 poulet de 1,5 kg environ
jus de 1 citron
1 citron entier coupé en rondelles
sel et poivre
3 cuillères à soupe d'huile d'olive
25 g de beurre fondu
1 pincée d'herbes de Provence
quelques rondelles de citron pour garnir

Pour 4 personnes

Placez le poulet dans un plat à four et badigeonnez-le de jus de citron. Mettez le citron entier coupé en rondelles à l'intérieur du poulet, salez et poivrez l'intérieur.

Mélangez 2 cuillères à soupe d'huile d'olive au beurre fondu et aux herbes de Provence, salez, poivrez et nappez le poulet de cette sauce.

Placez le tout dans un four chaud (200 ° C) 1 heure à 1 h 15.

Au moment de servir, arrosez avec le reste d'huile d'olive, entourez de rondelles de citron et accompagnez de riz.

Poulet aux herbes et aux olives

Poule au riz au safran

1 poule, prête à cuire
1 oignon piqué de 1 clou de girofle
2 carottes en gros morceaux
1 bouquet garni
1 tomate
2 gousses d'ail
15 cl de vin blanc sec
1 cuillère à soupe de gros sel
5 grains de poivre
2 cuillères à soupe d'huile d'olive
1 oignon haché
250 g de riz
sel et poivre
1 pincée de muscade
2 pincées de safran
25 g de beurre
25 g de farine
2 jaunes d'œufs
jus de 1/2 citron

Pour 5-6 personnes

Mettez la poule dans un pot-au-feu avec l'oignon entier, les carottes, le bouquet garni, la tomate concassée, l'ail, le vin blanc, le gros sel et les grains de poivre. Ajoutez de l'eau ou du bouillon à hauteur. Couvrez et comptez 1 h 30 de cuisson à petit feu.

Trente minutes avant la fin de la cuisson, faites chauffer l'huile d'olive dans une cocotte. Faites fondre l'oignon, jetez dedans le riz, tournez, puis mouillez avec 40 cl du bouillon de cuisson de la poule. Ajoutez sel, poivre, muscade et safran. Couvrez et laissez cuire à feu très doux 25 minutes environ.

Faites fondre le beurre dans une casserole. Ajoutez la farine et incorporez progressivement du bouillon pour obtenir une sauce assez épaisse. Continuez de tourner, vérifiez l'assaisonnement. Délayez les jaunes d'œufs avec un peu de cette sauce et reversez le tout dans la casserole. Retirez du feu dès que la sauce épaissit. Ajoutez le jus de citron.

Disposez le riz dans un grand plat, la poule découpée dessus, arrosée d'un peu de sauce. Servez le reste en saucière.

Lapin à la diable

1 lapin de 1,5 kg environ, coupé en morceaux
1 petite boîte de filets d'anchois
225 g de lardons
1 cuillère à soupe de persil haché
1 botte de ciboulette, hachée
2 échalotes émincées
50 g de beurre manié
(moitié farine, moitié beurre)
1 petite tasse de bouillon de poule
jus de 1 citron

Marinade :

6 cuillères à soupe d'huile d'olive
2 cuillères à soupe de vinaigre
3 feuilles de laurier
3 branches de persil
2 oignons émincés
sel et poivre

Pour 4-5 personnes

Mélangez les ingrédients de la marinade dans une jatte, mettez-y les morceaux de lapin et laissez-les mariner 2 heures au frais, en les tournant de temps en temps.

Retirez les morceaux de lapin de la marinade ; piquez-les de filets d'anchois et de lardons. Poivrez-les.

Mettez les morceaux de lapin dans une cocotte, faites-les dorer, ajoutez la marinade, couvrez et faites cuire à feu doux 1 h 15. Retirez la viande et gardez-la au chaud dans un plat creux.

Ajoutez dans la cocotte le persil, la ciboulette, les échalotes, le beurre manié et le bouillon. Faites épaissir la sauce à feu doux, en tournant sans arrêt. Lorsque la sauce nappe la cuillère, ajoutez le jus de citron. Portez à ébullition rapidement, laissez cuire quelques minutes et versez la sauce sur la viande. Servez avec des pommes sautées ou des pâtes, et un vin rouge de Provence.

Lapin à la diable

Daube des gardians (en haut) ;
alouettes sans tête (en bas).

Daube de lapin des Basses-Alpes

sel et poivre
1 lapin (environ 2 kg) en morceaux
2 cuillères à soupe d'huile d'arachide
300 g d'oignons émincés
300 g de carottes émincées
1/2 pied de céleri-branche émincé
4 gousses d'ail écrasées
50 cl de vin rouge (à 13°)
150 g de cèpes secs, trempés 30 minutes
à l'eau tiède et lavés

Pour 6 personnes

Salez et poivrez les morceaux de lapin. Dans une cocotte faites chauffer l'huile et faites dorer les morceaux de lapin. Mettez-les de côté.

Dans la même cocotte faites revenir les oignons, la carotte et le céleri. Ajoutez l'ail, mouillez avec le vin et posez dessus les morceaux de lapin. Couvrez et faites cuire à feu doux 1 h 30.

A mi-cuisson, ajoutez les cèpes. Vérifiez l'assaisonnement en fin de cuisson. Servez avec des pâtes fraîches.

Daube des gardians

2 kg de gîte de bœuf
1 bouquet garni
sel et poivre
1 bouteille de Côtes-du-Rhône rouge
1 couenne de lard
3 gros oignons, pelés et émincés
3 tomates pelées et concassées
et coupées en morceaux
3 gousses d'ail

Pour 6 personnes

Coupez la viande en cubes et mettez les morceaux dans un plat en terre avec le bouquet garni, du sel et du poivre. Arrosez avec le vin. Laissez mariner toute la nuit.

Le lendemain, retirez la viande de la marinade et mettez-en une couche dans une cocotte contenant la couenne. Recouvrez d'une couche d'oignons, puis d'une autre couche de viande, et ainsi de suite jusqu'à ce que toute la viande et les oignons remplissent la cocotte aux trois-quarts. Répartissez sur le dessus les tomates, le bouquet garni, l'ail émincé et arrosez avec la marinade passée.

Portez à ébullition, réduisez le feu, couvrez et laissez cuire 4 heures à feu doux. Servez avec un Côteaux des Baux-de-Provence.

Alouettes sans tête

225 g de petit salé, haché
4 oignons émincés
4 gousses d'ail, pelées et hachées
1 cuillère à soupe de persil haché
1 cuillère à soupe de basilic haché
8 tranches de gîte, très fines
3 cuillères à soupe d'huile d'olive
1 litre de vin rouge
100 g de concentré de tomates
sel et poivre

Pour 4 personnes

Mélangez le petit salé, les oignons, l'ail, le persil et le basilic.

Mettez deux cuillères à soupe de cette farce au milieu de chaque tranche de viande, roulez et ficelez.

Faites chauffer l'huile d'olive dans une cocotte et faites dorer les alouettes cinq minutes de chaque côté. Salez et poivrez.

Ajoutez le vin rouge et le concentré de tomates. Faites cuire à feu doux 1 heure. Servez avec des tagliatelle saupoudrées de fromage râpé et accompagnez d'une bouteille de Bandol rouge.

Romstecks aux anchois

4 tranches de romstecks (200 g chacune)
1 cuillère à soupe d'huile d'olive
sel et poivre
1 petite boîte de filets d'anchois
16 grosses olives vertes

Pour 4 personnes

Poivrez et huilez la viande ; faites-la griller à feu vif deux minutes de chaque côté.

Assaisonnez-la légèrement et garnissez-la avec les filets d'anchois disposés en croisillons. Posez les olives entre les croisillons. Servez avec des cœurs de céleri ou des courgettes sautées.

Pieds et paquets

Farce :

3 gousses d'ail écrasées
100 g de petit salé
100 g d'oignon haché
1 brin de persil
sel et poivre
1 pincée de muscade

1 tripe de mouton
6 pieds de mouton
100 g de lard gras haché
1 poireau émincé
1 oignon émincé
1 carotte émincée
300 g de tomates hachées
1 oignon piqué de clous de girofle
30 cl de vin blanc sec
1 bouquet garni
3 gousses d'ail écrasées
bouillon de bœuf

Pour 4 personnes

Lavez soigneusement la tripe et détaillez-la en triangles. Faites une incision dans le coin de chaque triangle.

Mélangez tous les ingrédients de la farce. Répartissez-la sur les triangles et refermez ceux-ci en faisant passer un coin dans l'incision. Vous pouvez aussi ficeler les paquets.

Flambez et lavez soigneusement les pieds de mouton. Blanchissez-les 5 minutes à l'eau bouillante.

Dans une grande marmite faites revenir le lard gras, ajoutez le poireau, l'oignon et la carotte, laissez-les colorer légèrement. Posez dessus les pieds, puis les paquets. Terminez avec les tomates, l'oignon piqué de girofle, le vin blanc, le bouquet garni, l'ail écrasé ; salez et poivrez. Ajoutez le bouillon en quantité suffisante pour couvrir. Fermez la cocotte et laissez cuire à très petit feu 7 ou 8 heures.

Au moment de servir, placez les pieds et les paquets sur un grand plat. Passez le jus de cuisson et dégraissez-le, si besoin est, avant de le verser sur les pieds et les paquets.

Langue de bœuf sauce piquante

1 langue de bœuf
1 poireau coupé en rondelles
2 carottes pelées et coupées en rondelles
1 branche de céleri coupée en morceaux
1 gros oignon piqué de 2 clous de girofle
1 branche de thym
1 feuille de laurier
sel et poivre
2 cuillères à soupe de persil haché pour garnir

Pour la sauce :

1 oignon haché
3 cuillères à soupe d'huile d'olive
1 cuillère à soupe de farine
30 cl de vin blanc sec
10 cl de vinaigre de vin
6 petits cornichons, hachés
1 cuillère à soupe de câpres hachées
1 cuillère à soupe de câpres entières
6 cuillères à soupe de concentré de tomates

Pour 6-8 personnes

Faites dégorger la langue à l'eau froide pendant trois heures, puis égouttez-la.

Mettez-la dans une grande marmite contenant deux litres d'eau et portez à ébullition. Laissez bouillir vingt minutes. Rincez à l'eau froide, égouttez et pelez la langue.

Préparez le court-bouillon avec tous les légumes, le thym, le laurier, du sel, du poivre et trois litres d'eau. Ajoutez-y la langue, portez à ébullition et laissez cuire 1 h 45.

Pendant ce temps, préparez la sauce : faites fondre l'oignon dans l'huile d'olive, saupoudrez de farine, laissez blondir et ajoutez le vin, le vinaigre, les cornichons hachés, les câpres entières et hachées, et le concentré de tomates. Laissez cuire cinq minutes.

Quand la langue est cuite, coupez-la en tranches. Dressez-la sur un plat de service. Nappez-la avec un peu de sauce et servez le reste en saucière. Garnissez avec du persil haché. Accompagnez de haricots verts.

Langue de bœuf sauce piquante

Gigot farci à l'ail (en haut) ;
brochettes de mouton
(en bas ; recette page 54).

Estouffade d'agneau

1,5 kg d'épaule d'agneau,
désossée et coupée en morceaux
1 gros oignon haché fin
3 gousses d'ail écrasées
2 grosses tomates bien mûres, pelées,
épépinées
et coupées en morceaux
1 bouquet garni
1 écorce d'orange, coupée en fines lamelles
sel et poivre
1 bouteille de vin rouge de Côtes-de-Provence
2 cuillères à soupe d'huile d'olive
225 g de petit salé, coupé en morceaux
30 cl de bouillon de volaille
225 g de farine

Pour 6 personnes

Disposez la viande dans une cocotte avec l'oignon, l'ail, les tomates, le bouquet garni, l'écorce d'orange et 1 cuillère à café de poivre. Mouillez avec le vin, ajoutez l'huile et remuez. Laissez mariner 4 heures.

Pendant ce temps, faites blanchir le petit salé 2 minutes à l'eau bouillante et égouttez-le. Ajoutez les morceaux de petit salé et le bouillon de volaille à la marinade, afin que la viande soit bien couverte par le liquide. Ajoutez un peu de sel.

Mélangez la farine à un peu d'eau et faites-en un fin cordon. Disposez-le sur le bord de la cocotte et posez le couvercle, dessus, afin de fermer hermétiquement.

Mettez la cocotte à four chaud (200° C) pendant 3 heures. Otez la croûte de pâte et le couvercle. Jetez le bouquet garni et l'écorce d'orange. Dressez la viande sur un plat de service et servez avec du riz de Camargue et un Côtes-de-Provence corsé.

Gigot farci à l'ail

1 gigot de 1,8 kg
100 g de beurre
4 gousses d'ail, pelées et hachées
2 cuillères à soupe de persil haché
sel et poivre

Pour 6 personnes

Demandez à votre boucher de désosser le gigot sans l'ouvrir, et de ne pas trop le dégraisser.

Maniez le beurre avec l'ail et le persil, et assaisonnez. Faites-en un rouleau dans une feuille d'aluminium et mettez au réfrigérateur pendant une heure pour le raffermir. Puis ôtez la feuille d'aluminium et introduisez le rouleau dans le gigot, à l'emplacement de l'os. Cousez les ouvertures et ficelez le gigot pour lui conserver sa forme.

Placez le gigot dans un plat à rôti et mettez à four chaud (250° C) pour saisir la viande. Après 15 minutes environ, lorsqu'elle est dorée, baissez à 190 °C et laissez cuire encore 30 à 40 minutes, selon que vous aimez la viande plus ou moins rose.

Éteignez le four et laissez la porte entrouverte pour que le gigot gonfle quelques minutes, avant de le couper en tranches. Déglacez le plat de cuisson avec deux cuillères à soupe d'eau bouillante et servez le jus en saucière. Accompagnez le gigot de flageolets et d'un Bandol rosé.

Brochettes de mouton

600 g de mouton
1 oignon coupé en morceaux
1 poivron vert, épépiné et coupé en morceaux
2 grosses tomates, coupées en quartiers
1 douzaine de petites chipolatas
sel et poivre
huile d'olive, aromatisée au thym

Pour 4 personnes

Coupez la viande en 16 morceaux, de la taille d'une bouchée.

Enfilez-les sur les brochettes en alternant avec des morceaux d'oignon, de poivron, de tomate et les chipolata. Salez, poivrez et arrosez d'huile d'olive.

Faites griller vingt minutes, en les tournant fréquemment, et servez avec du riz et une sauce tomate (voir page 40).

Carbonnado

sel et poivre
6 tranches épaisses de gigot d'agneau
(120 à 150 g chacune)
4 cuillères à soupe d'huile d'olive
500 g de petites carottes nouvelles
300 g de petits navets nouveaux
12 petits oignons blancs
1 cœur de céleri-branche
500 g de tomates
200 g de petit-salé, coupé en petits dés
4 gousses d'ail
1 bouquet garni
40 cl de vin blanc sec

Pour 6 personnes

Salez et poivrez les tranches de gigot et faites-les revenir rapidement à feu vif avec 1 cuillère à soupe d'huile d'olive. Mettez-les de côté.

Épluchez carottes, navets, oignons et céleri. Coupez tout en petits dés. Faites reve-nir ces dés dans une poêle avec le reste d'huile. Ajoutez les tomates concassées et le petit-salé.

Huilez une cocotte. Répartissez au fond la moitié du mélange précédent. Recouvrez avec les tranches de gigot. Déposez dessus les gousses d'ail légèrement écrasées et le bouquet garni. Terminez avec le reste du mélange.

Arrosez avec le vin blanc. Couvrez et laissez cuire 1 heure à four moyen (200 °C). Sortez la cocotte du four, retirez le couvercle et laissez réduire à feu moyen 10 minutes.

Canard du pays niçois

1 canard de 2/2,5 kg
sel et poivre
2 cuillères à soupe d'huile d'olive
1 kg de tomates pelées et concassées
2 poivrons rouges coupés en dés
1/2 pied de céleri-branche émincé
2 carottes coupées en petits dés
4 gousses d'ail écrasées
40 cl de vin blanc sec
200 g d'olivettes de Nice ou de la région
(sinon des olives noires)

Pour 4 personnes

Salez et poivrez l'intérieur du canard. Badigeonnez un plat à four d'huile et faites rôtir le canard au four (200 °C) 30 minutes.

Dans une cocotte, assez grande pour contenir le canard, faites chauffer l'huile. Faites revenir les tomates, les poivrons, le céleri et les carottes. Ajoutez ensuite l'ail.

Creusez au milieu de ce mélange et déposez le canard rôti. Versez le vin blanc et laissez cuire 1 h 15 à couvert. Quinze minutes avant la fin de la cuisson, ajoutez les olivettes.

Retirez le canard et tenez-le au chaud sur le plat de service. Faites réduire la sauce, vérifiez l'assaisonnement et servez à part. Accompagnez de pâtes fraîches.

Canard du pays niçois

Rôti de porc à la sauge

Rôti de porc à la sauge

1,5 kg de rôti de porc dans l'échine
5 gousses d'ail écrasées
14 feuilles de sauge fraîche
sel et poivre
2 cuillères à soupe de saindoux
100 g de carottes émincées
50 g d'oignon haché
5 tomates pelées et concassées
50 cl de vin blanc sec
bouillon de légumes ou de volaille

Pour 6 personnes

Avant de ficeler le rôti, mettez au milieu 3 gousses d'ail écrasées, 4 feuilles de sauge, du sel et du poivre. Dans une cocotte faites dorer doucement le rôti avec 1 cuillère à soupe de saindoux.

Dans une autre grande cocotte faites fondre le reste de saindoux. Faites revenir les carottes, l'oignon et le reste de sauge, ajoutez les tomates. Posez sur le tout le rôti. Laissez cuire 5 minutes.

Mouillez avec le vin blanc et couvrez avec le bouillon. Laissez cuire à feu doux, couvert, 1 h 15. Le rôti de porc doit toujours être couvert de liquide, pour ne pas se dessécher.

En fin de cuisson, retirez le rôti et gardez-le au chaud sur son plat de service. Faites réduire le jus de cuisson des deux tiers et servez-le en saucière. Accompagnez de courgettes sautées.

Tripes à la niçoise

2,5 kg de tripes
2 pieds de veau
3 cuillères à soupe d'huile d'olive
300 g d'oignons émincés
400 g de carottes émincées
200 g de céleri-branche émincé
800 g de tomates pelées et concassées
2 gousses d'ail écrasées
1 bouquet garni
5 cl de marc de Provence
50 cl de vin blanc sec
1 zeste d'orange
5 cl de pastis

Pour servir :

parmesan râpé

Pour 6 personnes

Lavez soigneusement les tripes à l'eau courante. Plongez-les 5 minutes dans l'eau bouillante. Rafraîchissez-les et égouttez-les. Faites de même avec les pieds de veau.

Coupez les tripes en lanières de 2 cm de large sur 5 cm de long.

Dans une grande cocotte faites revenir à l'huile d'olive oignons, carottes et céleri. Ajoutez les tomates, l'ail et le bouquet garni, puis les tripes, les pieds de veau, le marc, le vin et le zeste d'orange. Ajoutez de l'eau pour couvrir.

Couvrez la cocotte et laissez cuire à feu doux 5 à 6 heures. Sortez les pieds de veau, désossez-les ; découpez la chair en dés et remettez-les dans la cocotte. Ajoutez le pastis et laissez mijoter encore 15 minutes.

Retirez le bouquet garni. Versez les tripes dans un plat à four, saupoudrez de parmesan et faites gratiner sous le gril, 5 minutes. Servez brûlant.

Cervelle d'agneau au persil

500 g de cervelle d'agneau
2 bardes de lard
1 bouquet garni
10 cl de vin blanc sec
2 petits oignons émincés
2 petites carottes, coupées en rondelles
1 cuillère à soupe de persil haché
jus de 1/2 citron
quelques branches de persil pour garnir

Pour 3 personnes

Nettoyez la cervelle à l'eau froide et retirez-en le sang caillé, la peau et les fibres. Faites dégorger dans de l'eau tiède environ 2 heures.

Entourez la cervelle de bardes de lard et faites cuire une demi-heure à petit feu en cocotte, avec le bouquet garni, les oignons, les carottes, le vin blanc et le persil haché. Après cette demi-heure, égouttez la cervelle et arrosez-la du jus de citron.

Retirez le bouquet garni, versez la sauce sur la cervelle et servez avec du persil frit et des pommes vapeur.

Sauté de veau

3 cuillères à soupe d'huile d'olive
700 g d'épaule de veau, coupée en cubes
1 gros oignon émincé
2 gousses d'ail hachées
1 cuillère à soupe de farine
20 cl de vin blanc sec
1 poivron rouge, grillé et pelé
500 g de tomates pelées, épépinées
et coupées en morceaux
sel et poivre

Pour 4 personnes

Faites chauffer l'huile dans une cocotte.

Faites-y dorer la viande, les lamelles d'oignons et l'ail 3 minutes.

Saupoudrez de farine, remuez et mouillez avec le vin blanc. Ajoutez le poivron émincé et les tomates, et assaisonnez. Couvrez et laissez cuire doucement 45 minutes. Servez avec des navets, des carottes et des pommes de terre.

Paupiettes de veau aux olives et aux oignons

8 escalopes de veau, très minces
8 tranches de jambon de Parme
3 cuillères à soupe d'huile d'olive
250 g de petits oignons
500 g de tomates bien mûres, pelées,
épépinées
et coupées en morceaux
1 cuillère à café de thym
2 feuilles de laurier
sel et poivre
15 cl de vin blanc sec
100 g d'olives vertes dénoyautées
100 g d'olives noires dénoyautées
1 cuillère à soupe de persil haché pour garnir

Pour 4 personnes

Roulez chaque escalope avec une tranche de jambon de Parme. Ficelez les rouleaux ainsi obtenus.

Faites chauffer l'huile dans une cocotte et faites-y blondir les oignons.

Ajoutez les paupiettes, les tomates, le thym, le laurier, du sel et du poivre. Mouillez avec le vin blanc, couvrez et laissez cuire à feu doux 35 à 40 minutes.

Ajoutez les olives et prolongez la cuisson de 15 minutes.

Otez la ficelle qui entoure les paupiettes avant de servir et garnissez de persil haché.

*Paupiettes de veau aux olives et aux oignons
(en haut) ;
cervelle d'agneau au persil (en bas).*

LÉGUMES ET PÂTES

Les légumes de Provence bénéficient du climat le plus ensoleillé de France et ils sont réputés à juste titre. La plus célèbre recette est bien sûr la ratatouille, mais les « farcis », préparés avec des courgettes, des tomates, des aubergines ou des oignons, méritent bien que l'on passe un peu plus de temps à leur préparation, comme les beignets de courgettes ou les artichauts à la barigoule.

Courgettes et tomates farcies

4 grosses courgettes
sel
4 grosses tomates
8 tranches fines de lard hachées
2 oignons émincés
4 gousses d'ail hachées
2 cuillères à soupe de persil haché
2 cuillères à soupe d'huile d'olive
2 œufs, battus
50 g de chapelure
50 g de parmesan râpé

Pour 4 personnes

Coupez les deux extrémités des courgettes. Faites-les cuire dans de l'eau bouillante salée 15 minutes et égouttez-les.

Pendant ce temps, coupez le haut des tomates et évidez-les délicatement avec une cuillère. Salez légèrement l'intérieur et renversez-les sur un torchon afin qu'elles dégorgent. Réservez les « couvercles ».

Faites revenir 5 minutes le lard, les oignons, l'ail, le persil, et la chair des tomates dans l'huile d'olive.

Placez cette farce dans une jatte. Ouvrez les courgettes dans le sens de la longueur et évidez-les délicatement avec une cuillère. Ajoutez la moitié de cette pulpe à la farce et liez avec les œufs battus et la chapelure.

Disposez courgettes et tomates dans un plat à gratin huilé et farcissez-les. Posez les « couvercles » sur les tomates et saupoudrez les courgettes de parmesan. Mettez à four moyen (200 °C) 20 minutes.

Note : c'est une vieille tradition dans cette région de farcir les légumes. On parle alors des « farcis » provençaux. Les aubergines sont évidées à cru et la peau blanchie 5 minutes à l'eau bouillante. Les oignons sont évidés à cru, eux aussi, puis les « coques » dorées à la poêle. Leur chair sera hachée avant d'être incorporée à la farce. Le reste de la recette s'effectue comme ci-dessus.

Les farcis peuvent se servir froids en entrée ou chauds en accompagnement, avec ou sans sauce tomate.

Pommes de terre Mistral

2 gros oignons hachés fins
3 cuillères à soupe d'huile d'olive
4 gousses d'ail hachées fin
4 grosses tomates, pelées, évidées et hachées
1 kg de pommes de terre, pelées
et coupées en tranches
sel et poivre
1 cuillère à café de thym haché
1 cuillère à café de persil haché
1 cuillère à café de basilic haché

Pour 6 personnes

Faites revenir les oignons dans une cocotte avec l'huile chaude 5 minutes, ajoutez ensuite l'ail et les tomates. Laissez cuire encore 10 minutes, puis ajoutez les tranches de pommes de terre.

Recouvrez d'eau, salez, poivrez, ajoutez les herbes. Fermez et laissez mijoter 30 minutes.

Courgettes et tomates farcies

Gâteau d'épinards

350 g d'épinards
200 g de farine
2 œufs battus
200 g de beurre, ramolli
200 g de fromage blanc
5 cuillères à soupe de crème fraîche
sel et poivre
1 pincée de muscade

Pour 4 personnes

Coupez les tiges et lavez les épinards. Égouttez-les et hachez-les grossièrement. Mettez la farine en puits dans une jatte, ajoutez les œufs, le beurre, le fromage et la crème. Salez, poivrez et ajoutez la muscade. Mélangez à la main, puis incorporez les épinards.

Beurrez un plat à gratin, garnissez-le de ce mélange et faites cuire à four moyen (180 ° C) 30 à 40 minutes.

Beignets de courgettes

6 petites courgettes
sel
50 cl d'huile d'arachide pour la friture
persil haché pour garnir

Pour la pâte :

250 g de farine
1 pincée de sel
1 cuillère à soupe d'huile d'arachide
15 g de levure de boulanger
2 cuillères à soupe d'eau chaude
1 blanc d'œuf, battu légèrement

Pour 8 personnes

Préparez la pâte à beignets. Mélangez la farine et le sel dans une jatte. Faites un puits au centre et incorporez l'huile et la levure. Ajoutez l'eau chaude et mélangez bien. Puis incorporez le blanc d'œuf. Laissez reposer 2 heures.

Pendant ce temps, pelez les courgettes et rincez-les à l'eau froide. Coupez-les en tran-ches fines dans le sens de la longueur et essuyez-les dans du papier absorbant. Salez-les légèrement.

Trempez chaque tranche de courgette dans la pâte et faites frire dans de l'huile très chaude jusqu'à ce que les tranches soient bien dorées. Égouttez sur du papier absorbant.

Disposez les beignets sur un plat de service chaud, garnissez de persil haché et servez avec une salade, accompagné d'un vin blanc sec.

Ratatouille

5 courgettes, pelées et coupées en rondelles
2 aubergines, coupées en rondelles
sel et poivre
20 cl d'huile d'olive
3 oignons émincés
2 poivrons verts, grillés, pelés
et coupés en rondelles
1 kg de tomates bien mûres, pelées
et coupées en morceaux
6 gousses d'ail émincées
2 cuillères à soupe de persil haché
1 cuillère à soupe de basilic haché

Pour 6 personnes

Salez légèrement les courgettes et les aubergines et faites-les dégorger dans une passoire. Essuyez-les.

Dans une poêle contenant de l'huile d'olive, faites fondre les oignons. Retirez-les et mettez-les dans une cocotte. Procédez de même pour les courgettes, les aubergines, les poivrons et les tomates.

Mélangez tous les légumes dans la cocotte, ajoutez l'ail, du poivre et laissez mijoter 30 minutes, en tournant de temps en temps.

Ajoutez les herbes hachées cinq minutes avant de servir.

Note : la ratatouille accompagne fort bien les viandes rôties froides. Elle peut aussi constituer un plat principal si on lui ajoute des œufs frits dessus.

Ratatouille

Artichauts à la barigoule

Artichauts à la barigoule

6 artichauts violets de Provence,
ou d'Espagne, pas trop gros
1 citron
6 cuillères à soupe d'huile d'olive
250 g de champignons de Paris hachés
1 cuillère à soupe de persil haché
150 g de petit salé haché
(ou de lard fumé haché)
2 gousses d'ail écrasées
sel et poivre
150 g de carottes émincées
100 g d'oignons émincés
1 bouquet garni
30 cl de vin blanc sec
30 cl de bouillon de poule (à défaut, d'eau)
25 g de farine mélangés à 25 g de beurre
(beurre manié)

Pour 6 personnes

Retirez la queue et les feuilles de la base des artichauts. Coupez le bout des feuilles. Retirez avec une petite cuillère le foin et les parties dures du cœur. Citronnez les cœurs pour éviter qu'ils noircissent.

Mélangez et faites revenir dans une poêle, avec 3 cuillères à soupe d'huile, les champignons, le persil, le petit salé, l'ail, du sel et du poivre. Remplissez les artichauts avec cette farce.

Dans une cocotte, faites revenir avec le reste d'huile, les carottes et les oignons. Ajoutez le bouquet garni et posez dessus, debout, les artichauts bien serrés les uns contre les autres. Mouillez avec le vin blanc et le bouillon. Laissez cuire à feu vif 10 minutes. Couvrez, baissez le feu et laissez mijoter doucement 45 minutes.

Retirez les artichauts et tenez-les au chaud sur le plat de service. Épaississez le fond de cuisson avec le beurre manié et versez sur les artichauts. Servez très chaud.

Tian de courgettes

1 kg de courgettes
sel et poivre
1 bouquet de blettes (500 g de vert)
2 cuillères à soupe d'huile d'olive
2 oignons émincés
1 gousse d'ail écrasée
50 g de riz cuit (ou 25 g de riz
plongé 10 minutes à l'eau bouillante salée
et rincé à l'eau froide)
3 œufs
50 g de petit salé
50 g de parmesan

Pour 6 personnes

Faites cuire les courgettes entières à l'eau salée 20 minutes. Égouttez-les.

Tronçonnez-les et passez-les à la moulinette avec le vert des blettes crues. Jetez les côtes.

Dans une poêle faites revenir avec l'huile les oignons et l'ail. Incorporez le hachis de légumes.

Préparez le riz, s'il n'est pas encore cuit.

Battez les œufs en omelette dans une grande jatte. Incorporez le petit salé, le riz cuit et le contenu de la poêle.

Huilez un plat à gratin. Versez-y le mélange. Saupoudrez de parmesan et faites gratiner 20 minutes à four moyen (200 °C).

Haricots verts provençale

500 g de haricots verts fins
sel et poivre
30 cl de sauce tomate (voir page 40)
2 gousses d'ail hachées
1 cuillère à soupe de persil haché

Pour 4 personnes

Faites cuire les haricots verts dans de l'eau bouillante salée, en les gardant un peu croquants.

Placez-les dans une casserole contenant la sauce tomate et l'ail. Faites cuire à feu doux vingt minutes. Vérifiez l'assaisonnement et garnissez de persil haché avant de servir.

Champignons en bocaux

3 cuillères à soupe de vinaigre
500 g de champignons, pelés et émincés
1 gousse d'ail, pelée et hachée
20 cl d'huile d'olive
1 branche de thym
sel et poivre

Pour 8 personnes

Versez le vinaigre dans une casserole et chauffez à feu doux. Ajoutez les champignons et l'ail, laissez cuire cinq minutes, puis refroidir.

Versez dans un bocal contenant de l'huile d'olive, ajoutez le thym, du sel et du poivre. Quand tout est bien refroidi, mettez le couvercle et placez au frais et à l'ombre.

Note : ces champignons, qui se conservent environ trois semaines, accompagnent très bien les viandes rôties froides.

Haricots blancs en sauce tomate

1 kg de haricots blancs frais
1 oignon coupé en quatre
1 gousse d'ail
30 cl de sauce tomate (voir page 40)
2 cuillères à soupe de basilic haché
sel et poivre

Pour 4 personnes

Couvrez les haricots d'eau froide fraîche et laissez-les cuire à petit feu 20 minutes.

Égouttez-les et remettez-les dans la casserole. Ajoutez l'oignon et l'ail, et couvrez d'eau bouillante. Laissez cuire encore 40 minutes.

Mettez les haricots cuits dans une cocotte contenant la sauce tomate. Ajoutez le basilic, assaisonnez et laissez mijoter 15 minutes à feu doux.

Pan bagnat

4 gros pains ronds, coupés en deux
de la salade niçoise (voir page 13)

Pour 4 personnes

Ouvrez les petits pains, creusez légèrement l'intérieur et frottez-les d'ail. Puis farcissez-les de salade niçoise.

En provençal, ce nom signifie « pain mouillé » (ou baigné), car la vinaigrette et les sucs des légumes imprègnent le pain.

Quelquefois on se sert de baguettes, mais à Nice, on confectionne de gros pains ronds spécialement à cet effet.

Bien plus qu'un casse-croûte, le pan bagnat peut constituer un repas à lui seul.

Pâtes à la tomate et aux champignons

2 litres d'eau
sel
500 g de tagliatelle
225 g de champignons, émincés
100 g de beurre, fondu
20 cl de sauce tomate (voir page 40)
1 noisette de beurre

Pour 6 personnes

Portez l'eau à ébullition dans une grande marmite. Salez. Plongez les tagliatelles et faites cuire, à découvert, 20 minutes.

Pendant ce temps, faites sauter les champignons dans le beurre fondu. Réchauffez la sauce tomate, ajoutez-lui les champignons, les tagliatelle égouttés et mélangez bien.

Versez dans un saladier et ajoutez une noisette de beurre avant de servir. Accompagnez d'un bol de parmesan râpé.

*Pâtes à la tomate et aux champignons
(en haut) ;
haricots blancs en sauce tomate (en bas).*

Fenouils braisés

Fenouils braisés

4 bulbes de fenouils
2 gousses d'ail émincées
2 cuillères à soupe d'huile d'olive
1,5 l d'eau
jus de 1 citron
sel et poivre

Pour 4 personnes

Lavez les fenouils et coupez-les en quatre.

Faites revenir les gousses d'ail dans l'huile d'olive. Dès qu'elles commencent à dorer, mouillez avec l'eau. Ajoutez le jus de citron, salez et poivrez.

A ébullition ajoutez les fenouils, puis laissez cuire à découvert 30 minutes : les trois quarts du liquide doivent s'évaporer.

Versez dans un saladier et mangez froid.

Gnocchis à la niçoise

1 kg de pommes de terre pelées
sel et poivre
250 g de farine
1 œuf entier
1 pincée de noix de muscade râpée
50 g de beurre
100 g de parmesan râpé

Pour 6 personnes

Faites cuire les pommes de terre à l'eau bouillante salée.

Quand elles sont encore chaudes, écrasez-les en purée. Dans une grande jatte incorporez-leur la farine, l'œuf et la muscade. Vérifiez le sel et poivre. Laissez reposer cette pâte 30 minutes.

Divisez la pâte en morceaux. Sur une surface farinée roulez-la en boudins de la taille d'un doigt. Coupez des tronçons de 3 à 4 cm de long. Écrasez légèrement la partie centrale avec une fourchette sur laquelle vous posez le pouce : cela permettra une meilleure cuisson.

Amenez à ébullition une grande quantité d'eau salée dans un fait-tout. Jetez-y les gnocchis et laissez cuire environ 5 minutes, jusqu'à ce qu'ils remontent.

Égouttez-les et dressez-les dans un plat creux. Poivrez, ajoutez le beurre en petits morceaux et le fromage râpé. Servez tel quel ou avec une sauce tomate.

Gnocchis à la semoule

1,5 l de lait
sel et poivre
350 g de semoule
1 pincée de muscade
30 g de beurre
2 cuillères à soupe de gruyère râpé
2 œufs
sel et poivre

Pour garnir :

100 g de beurre fondu
200 g de gruyère râpé

Pour 4 personnes

Portez le lait à ébullition, salez-le, poivrez-le et versez la semoule en pluie dedans, en remuant sans cesse. Laissez cuire 20 minutes. Ajoutez la muscade et le beurre.

Retirez la semoule du feu et laissez tiédir. Incorporez le fromage et les œufs un à un.

Sur une plaque beurrée, étendez la semoule sur une épaisseur de 1 cm avec une spatule mouillée. Laissez refroidir.

Découpez la semoule en rondelles de 2 cm de diamètre. Beurrez un plat à gratin et disposez les gnocchis se chevauchant de moitié.

Arrosez-les de beurre fondu et saupoudrez-les de gruyère. Mettez-les à four moyen (190° C) 10 minutes, jusqu'à ce qu'ils soient dorés.

Note : ce plat accompagne très bien les viandes en sauce.

DESSERTS

Dans une région où les fruits sont abondants, variés, et surtout de toute première qualité, on trouve pourtant des desserts élaborés, comme les ganses, que l'on prépare tradition-nellement à Nice pendant le Carnaval, le chichi-fregi vendu par des marchands ambulants dans les rues de Marseille, ou les fruits fourrés qui font partie des « treize desserts » offerts à Noël.

Ganses

250 g de farine
75 g de sucre semoule
2 jaunes d'œufs
6 cl d'eau de fleurs d'oranger
1 1/2 cuillère à soupe d'huile d'olive
sucre en poudre

Pour 4-5 personnes

Dans une jatte mélangez la farine et le sucre, incorporez les jaunes d'œufs, puis l'eau de fleurs d'oranger. La pâte doit être souple. Si besoin est, ajoutez-lui quelques gouttes d'eau. Laissez-la reposer 1 heure.

Formez avec la pâte des boules de la taille d'une noix et abaissez-la en couche très mince. Détaillez chaque abaisse en lanières d'environ 2 cm de large sur 15 à 20 cm de long. Nouez chaque lanière, sans serrer.

Dans une grande poêle faites frire et dorer ces nœuds à l'huile très chaude. Égouttez les ganses sur du papier absorbant et saupoudrez-les aussitôt de sucre.

Variante : pour des ganses plus légères, utilisez 500 g de farine et 1 œuf entier bien battu, les autres ingrédients à l'identique. Procédez de la même façon, en ne laissant la pâte reposer que 30 minutes.

Si vous n'aimez pas le goût de l'huile d'olive, utilisez de l'huile d'arachide pour la friture.

Tartelettes au miel et aux noix

225 g de farine
1 cuillère à café de sucre
1 pincée de sel
100 g de beurre, ramolli
1/2 verre d'eau
250 g de cerneaux de noix sèches
500 g de miel, chauffé

Pour 6 personnes

Travaillez la farine tamisée avec le sucre, le sel, le beurre et l'eau. Pétrissez rapidement et formez une boule. Laissez reposer au frais.

Abaissez la pâte au rouleau sur une planche légèrement farinée et garnissez-en 6 petits moules à tarte. Piquez le fond à la fourchette, recouvrez de papier sulfurisé, remplissez de haricots secs et faites cuire à four moyen (180 ° C) 20 minutes.

Pendant ce temps, hachez grossièrement les noix et mélangez-les au miel.

Otez le papier sulfurisé et les haricots secs lorsque la cuisson est terminée. Garnissez le fond des tartelettes de ce mélange. Remettez dix minutes au four (180 ° C).

Servez tiède ou froid, avec un vin doux, comme un Muscat de Beaumes-de-Venise.

Tartelettes au miel et aux noix

Compote de pommes et poires

Compote de pommes et poires

3 pommes, pelées et évidées
3 poires, pelées et évidées
1 l d'eau
225 g de sucre en poudre
1 gousse de vanille

Pour 4 personnes

Coupez les pommes et les poires en quartiers et mettez-les dans une casserole contenant l'eau, le sucre et la vanille. Faites cuire 15 minutes à feu doux.

Quand les fruits sont bien cuits, c'est-à-dire tendres, passez-les au mixeur. Servez chaud ou froid, avec des biscuits « langues de chat ».

Gâteau de blettes

100 g de pignons
70 g de raisins de Smyrne
70 g de raisins de Corinthe
5 cl de marc
5 cl d'eau de fleurs d'oranger
5 cl de rhum
500 g de farine
250 g de beurre en morceaux
1 pincée de sel
125 g de sucre semoule
6 œufs entiers
8 feuilles de blette
50 g de parmesan râpé
150 g de sucre roux
poivre
3 pommes
2 jaunes d'œufs
sucre en poudre

Pour 10 personnes

La veille, faites tremper les pignons et les raisins avec le marc, l'eau de fleurs d'oranger et le rhum.

Pour la pâte, mélangez dans une jatte la farine, le beurre, le sel, le sucre semoule, 3 œufs entiers et 5 à 6 cl d'eau. Roulez la pâte en boule et laissez-la reposer 1 heure au frais.

Pendant ce temps préparez la farce. Lavez et séchez les blettes, retirez les côtes et roulez les feuilles, trois à quatre à la fois : ciselez-les le plus fin possible.

Dans une jatte placez les feuilles ciselées, le parmesan, le sucre roux, 3 œufs entiers, un peu de poivre, ainsi que les pignons et les raisins avec leur liquide de trempage. Mélangez rapidement le tout.

Pelez et émincez finement les pommes.

Abaissez la moitié de la pâte sur 4 mm d'épaisseur. Garnissez une tourtière de 33 cm de diamètre, à fond fixe ou amovible, de pâte en laissant les bords déborder largement. Versez le mélange dans la tourtière.

Fouettez les 2 jaunes d'œufs et badigeonnez les bords de la pâte. Répartissez sur le mélange les tranches de pommes, sans en mettre trop près du bord.

Étalez le reste de pâte pour le couvercle et recouvrez-en largement la tourtière. Pincez entre les doigts les 2 épaisseurs de pâte qui débordent et roulez-les en bourrelet que vous glisserez à l'intérieur de la tourte. Dorez le dessus avec le reste de jaune d'œuf.

Quadrillez le dessus au couteau et faites cuire à four chaud (200° C) 10 minutes, puis baissez le feu (180° C) et laissez cuire encore 1 heure. Poudrez de sucre à la sortie du four.

Note : le mélange sucré/salé que l'on trouve dans ce gâteau montre que cette recette est un très lointain héritage de la cuisine médiévale, particulièrement friande de ces mélanges. C'est aujourd'hui une des grandes spécialités de la cuisine niçoise.

Chichi-fregi

10 g de levure de boulanger
1 verre d'eau tiède
500 g de farine
1 pincée de sel
1 cuillère à soupe d'eau de fleurs d'oranger
huile à friture
sucre en poudre

Pour 4 à 6 personnes

Délayez la levure dans l'eau tiède.

Dans une jatte disposez la farine en puits. Ajoutez au centre la levure, le sel et l'eau de fleurs d'oranger. Incorporez progressivement ces éléments à la farine et travaillez bien la pâte, pour qu'elle soit lisse et assez fluide. Couvrez d'un linge et laissez lever environ 2 heures dans un endroit tiède. La pâte doit doubler de volume.

Faites chauffer de l'huile dans une grande poêle. Remplissez de pâte une poche munie d'une douille assez grosse et déposez la pâte de façon continue dans l'huile en traçant des cercles. Quand ils dorent, retournez-les, laissez dorer encore un peu et égouttez. Coupez les chichi-fregi en morceaux de 20 cm de long et passez-les dans le sucre avant de les servir.

Pâte de coings

2 kg de coings bien mûrs, non pelés
sucre en poudre (voir ci-dessous)

Pour 2 kg de pâte de coings

Lavez et essuyez les coings. Coupez-les en quartiers et mettez-les sur feu doux dans une grande cocotte, ou un grand fait-tout, avec très peu d'eau (25 cl). Couvrez et laissez cuire jusqu'à ce qu'ils soient tendres (environ 1 heure).

Passez les coings au tamis. Ajoutez poids pour poids de sucre. Remettez le tout dans la cocotte sur feu doux et travaillez la pâte 30 minutes, sans vous arrêter, avec une spatule.

Prenez une cuillère de pâte, secouez la cuillère. Si la pâte se détache en une seule masse, elle est cuite. Versez-la alors dans des moules et laissez-la refroidir. Démoulez et découpez des morceaux de pâte. Vous pouvez les consommer tels quels ou les rouler dans du sucre cristallisé.

Note : la même recette s'applique à des pommes.

Chichi-fregi (en haut) ;
pâte de coings (en bas).

Navettes (en haut) ;
fruits fourrés (en bas).

Navettes

750 g de farine
350 g de sucre en poudre
65 g de beurre ramolli
1 pincée de sel fin
zeste râpé de 1 citron
3 œufs
10 cl d'eau

Pour décorer :

1 œuf battu

Pour 8 personnes

Mettez la farine en fontaine sur une planche. Au milieu ajoutez le reste des ingrédients. Incorporez-les petit à petit à la farine et travaillez le tout pour obtenir une pâte bien lisse.

Répartissez cette pâte en trois ou quatre morceaux. Roulez-les en boudins plus ou moins épais. Coupez ces boudins en tronçons. Roulez chaque tronçon pour lui donner la forme d'une navette, ovoïde et amincie aux deux bouts.

Beurrez une tôle à pâtisserie. Déposez-y les navettes, bien séparées. Dessinez une incision longitudinale sur chaque navette avec un couteau. Laissez reposer 2 ou 3 heures.

Dorez à l'œuf les navettes et faites cuire au four (180 °C) 15 à 20 minutes. Les navettes doivent être bien colorées.

Nougat au miel

1 kg d'amandes
600 g de miel
3 blancs d'œufs en neige ferme
feuilles d'azyme

Pour 1,5 kg de nougat

Faites griller, mais pas dorer, les amandes.

Faites chauffer le miel dans une casserole. Quand il est cuit au boulé (120° sur le pèse-sirop), incorporez les blancs d'œufs et laissez encore cuire quelques minutes à feu doux, en fouettant. Incorporez les amandes.

Garnissez le fond d'un moule rectangulaire de feuille d'azyme. Versez le nougat et recouvrez de feuille d'azyme. Pressez le tout et laissez refroidir complètement avant de démouler et de couper en barres.

Note : si vous n'avez pas de pèse-sirop, trempez un doigt dans l'eau froide, puis dans le sirop, puis de nouveau dans l'eau froide : en roulant le sirop entre le doigt et le pouce, il se met en boule.

Fruits fourrés

500 g de dattes
500 g de pruneaux d'Agen
500 g de noix de Grenoble
225 g de pâte d'amandes blanche
225 g de pâte d'amandes rose
225 g de pâte d'amandes verte
sucre semoule pour décorer

Pour 8 personnes

Coupez les dattes et pruneaux en deux, et retirez-en les noyaux. Cassez les noix avec précaution afin de ne pas abîmer les cerneaux.

Préparez de fines tranches de pâte d'amandes blanche et pressez-les en sandwich dans les dattes, en laissant dépasser de 1 mm environ.

Préparez de fines tranches de pâte d'amandes rose et pressez-les en sandwich dans les pruneaux, en laissant dépasser de 1 mm environ

Procédez de même pour la pâte d'amande verte que vous presserez entre les cerneaux de noix.

Saupoudrez les bords de pâte d'amandes visibles de sucre semoule. Disposez les fruits fourrés dans trois assiettes à dessert, en pyramide.

Note : ce dessert fait partie des treize desserts de Noël traditionnels en Provence. Un vin blanc, doux ou sec, l'accompagne fort bien.

INDEX

Remerciements

Les éditeurs remercient Madame Cotta pour
ses précieux conseils en matière de desserts.

Photos réalisées spécialement pour cet ouvrage
par Clive Streeter
Préparation des plats : Eve Dowling,
Linda Fraser, Nichola Palmer, Lyn Rutherford,
Jennie Shapter
Stylistes : Maria Kelly, Marion Price,
Sue Russell

Les éditeurs remercient les personnes et
organismes suivants qui les ont aimablement
autorisés
à reproduire des illustrations : Tony Stone
Associates (page 7) ; Denis Hughes Gilbey
(page 9).